中国三大城市群的空间结构研究

李 刚 著

四川大学出版社

图书在版编目（CIP）数据

中国三大城市群的空间结构研究 / 李刚著. — 成都：四川大学出版社，2022.9
ISBN 978-7-5690-5654-9

Ⅰ.①中… Ⅱ.①李… Ⅲ.①城市群－空间结构－研究－中国 Ⅳ.①F299.21

中国版本图书馆CIP数据核字（2022）第174850号

书　　名：中国三大城市群的空间结构研究
　　　　　Zhongguo Sanda Chengshiqun de Kongjian Jiegou Yanjiu
著　　者：李　刚

选题策划：王　静
责任编辑：王　静
责任校对：周维彬
装帧设计：何东琳
责任印制：王　炜

出版发行：四川大学出版社有限责任公司
　　　　　地址：成都市一环路南一段24号（610065）
　　　　　电话：（028）85408311（发行部）、85400276（总编室）
　　　　　电子邮箱：scupress@vip.163.com
　　　　　网址：https://press.scu.edu.cn
印前制作：四川胜翔数码印务设计有限公司
印刷装订：成都金阳印务有限责任公司

成品尺寸：170 mm×240 mm
印　　张：9.75
字　　数：185千字

版　　次：2022年11月 第1版
印　　次：2022年11月 第1次印刷
定　　价：58.00元

本社图书如有印装质量问题，请联系发行部调换

版权所有 ◆ 侵权必究

四川大学出版社
微信公众号

自 序

伴随着经济与城市的高速发展，中国逐渐形成了长三角、京津冀、珠三角、成渝、长江中游等城市群；其中，以长三角、京津冀、珠三角等三大城市群的发展最为引人注目。具体来看，2007—2018 年，三大城市群合计常住人口占比在 25.00% 左右，土地面积占比维持在 6.00% 左右，GDP 全国占比达到了 41.00%，人均国内生产总值更是全国平均水平的 1.5 倍。长三角、京津冀、珠三角三大城市群利用了较少的人口与土地投入却生产出较多的产值，三大城市群在中国经济发展中的重要性由此可见一斑。三大城市群是中国经济、社会发展的重要增长极。

然而，关于三大城市群空间结构的识别一直存在争议。早期，学术界多基于齐夫指数、首位度、基尼系数等指标构建方法，从人口的角度测算城市群的多中心性。后期，基于功能联系视角下的城市群空间结构研究丰富了起来。然而，这些研究也多基于人流、物流、消费流、论文、技术知识合作等新兴角度，依旧采用指标构建方法分析城市群的多中心性。这种传统意义上的功能联系视角下的城市群空间结构研究与以往形态角度的研究，的确能够快速分析城市群的空间结构，但无法很好地反映出城市群空间结构演变过程中的本质力量——集聚力与扩散力。

本书试图从功能联系的视角重新识别城市群空间结构，通过剖析城市群空间结构的演变，找出单中心、多中心空间结构的本质区别在于集聚力与扩散力的差异。首先，当城市群内集聚力占据主导地位的时候，呈现出单中心发展模式；当城市群内扩散力占据主导地位的时候，则呈现出多中心发展模式；当扩散力进一步发挥，城市间协同发展时，则呈现出网络化发展模式。其次，通过理论分析厘清集聚力与扩散力的区别，从而试图回答集聚力与扩散力的本质差异，为选择研究方法提供支撑。再次，本书对功能联系视角做了具体探讨，应该从何角度切入作为功能联系视角的测量。在明晰了研究方法与研究角度后，本书从功能联系视角探讨城市群空间结构就变得水到渠成。最后，本书基于这样的研究方法与研究角度对城市群空间结构的单中心、多中心模式进行了识别，并在此基础上讨论了城市群的协同发展程度。本书的研究发现以下四个方面的问题。

一、城市群空间结构的影响因素

经济集聚、功能分工两因素对城市群空间结构扁平化发展、多中心发展存在显著的促进作用。

二、功能分工、经济集聚对城市群空间结构的影响机制

第一，长三角城市群功能分工对空间结构存在部分中介效应，京津冀、珠三角城市群功能分工对空间结构存在完全中介效应；通过全样本来看，功能分工对城市群空间结构存在显著的部分中介效应。第二，长三角、京津冀城市群经济集聚对城市群空间结构存在部分中介效应，珠三角城市群经济集聚对空间结构存在完全中介效应；全样本来看，经济集聚对空间结构存在显著的完全中介效应。总而言之，三大城市群经济集聚、功能分工对城市群空间结构均存在显著的中介效应，即功能分工、经济集聚对城市群空间结构变动的一条合理的解释机制得以检验。

三、基于功能分工与经济集聚空间效应的城市群空间结构识别

城市群空间结构演化的本质在于集聚力与扩散力的较量，基于功能联系视角，利用功能分工与经济集聚空间效应测度集聚力与扩散力，理论分析认为：当城市群内集聚力占据主导地位时，即为城市群的单中心模式，此时直接反馈系数要显著为负；当城市群内扩散力占据主导地位时，即为城市群的多中心模式，此时直接反馈系数要显著为正，且空间溢出效应均显著为正。具体而言，笔者通过实证分析后认为：第一，长三角城市群存在显著的正向直接反馈效应，且其经济集聚与功能分工的空间溢出效应均显著为正；表明长三角城市群内中心城市促进了外围城市发展，城市群内扩散力占据主导地位；整体而言，长三角城市群发育水平较高，呈现多中心发展模式。第二，京津冀城市群存在显著的负向直接反馈效应，表明城市群内集聚不经济，极化作用显著，过度集中之势显现，城市群内集聚力占据主导地位；整体而言，京津冀城市群发育水平较低，呈现单中心发展模式。第三，珠三角城市群存在显著的正向直接反馈效应，表明其脱离了单中心发展模式；但是，其空间效应仅有经济集聚的溢出作用显著为正，表明其还未完全达到多中心模式；故珠三角城市群呈现由单中心模式向多中心模式过渡的特点。

基于三大城市群的实证分析，一方面，笔者认为城市群空间结构呈现由单中心模式向多中心模式的转变，城市群功能分工与经济集聚的确会呈现不同的

空间效应：这在一定程度上弥补了城市群不同发展阶段下功能分工与经济集聚空间效应、空间联系的研究空白，为功能联系视角下探讨城市群空间结构提供了新研究角度，也为相关理论的发展提供了实证支撑。另一方面，在对长三角城市群与珠三角城市群的发育水平孰优孰劣的问题上，笔者认为长三角城市群的发育成熟度优于珠三角城市群的发育成熟度，并给予了城市群功能分工与经济集聚空间效应角度的实证支持。

四、针对城市群协同发展程度的讨论

由于功能联系视角能够更好地反映城市之间的联系，从功能联系的视角研究城市群空间结构，不仅为人们识别单中心模式、多中心模式提供了新视角，而且有助于判断城市群内中心城市是否能够促进外围城市的发展，故其为城市群的协同发展提供了一个新依据。整体而言，在功能联系视角下，城市群空间结构向多中心、网络化方向发展更多体现了中心城市对外围城市的促进作用，展现了城市之间的协同发展程度。具体来看，长三角城市群协同发展程度明显优于珠三角城市群，珠三角城市群则优于京津冀城市群。从城市群协同发展的角度看，政府部门可以通过促进城市群内城市之间的功能分工，推动城市群空间结构向多中心、网络化方向发展，进而推动城市间的协同发展。

目 录

第1章 绪 论 （1）
1.1 研究背景与研究意义 （1）
1.2 研究目标、框架与研究内容 （4）
1.3 主要创新及不足之处 （9）

第2章 理论基础、文献回顾与概念界定 （11）
2.1 理论基础 （11）
2.2 文献回顾 （15）
2.3 概念界定 （17）

第3章 功能分工、经济集聚影响城市群空间结构的理论分析框架 （23）
3.1 功能联系视角下的城市群空间结构概念辨析 （23）
3.2 功能联系视角下城市群空间结构的识别 （26）

第4章 中国城市群发展概述 （31）
4.1 中国城市群发展现状 （31）
4.2 三大城市群发展现状 （34）

第5章 城市群空间结构的影响因素 （45）
5.1 经验事实、理论分析与相关假说 （46）
5.2 功能分工、经济集聚对空间结构的影响 （55）
5.3 本章小结 （72）

第6章 功能分工、经济集聚对城市群空间结构的影响机制 （74）
6.1 经验事实、理论分析 （74）
6.2 功能分工、经济集聚对空间结构的中介效应 （87）
6.3 本章小结 （103）

第 7 章　基于功能分工与经济集聚空间效应的城市群空间结构识别……（104）
　7.1　经验事实、理论分析与相关假说 …………………………（104）
　7.2　集聚力与扩散力的识别 ………………………………………（107）
　7.3　城市群空间结构的识别 ………………………………………（118）
　7.4　城市群协同发展程度的讨论 …………………………………（126）
　7.5　本章小结 ………………………………………………………（127）

第 8 章　结论与展望……………………………………………………（129）
　8.1　主要结论 ………………………………………………………（129）
　8.2　研究展望 ………………………………………………………（132）

参考文献…………………………………………………………………（133）

第1章 绪 论

1.1 研究背景与研究意义

1.1.1 研究背景

1.1.1.1 三大城市群成为中国经济、社会发展的三大增长极

改革开放以来，中国的城镇化进程突飞猛进；1978年至2019年，中国的城镇常住人口从1.7亿增长至8.5亿，城镇化率从17.90%提升至60.60%。伴随着中国经济、城市的高速发展，逐渐形成了长三角、京津冀、珠三角、成渝、长江中游、哈长、辽中南、山东半岛、中原、海峡西岸、呼包鄂榆、太原、关中、宁夏沿黄、兰西、天山北坡、黔中、滇中、北部湾等十九大城市群。[①] 其中尤以长三角、京津冀、珠三角等三大城市群的发展最为引人注目，从整体上来看，三大城市群占了全国6.00%的土地和25.00%左右的人口，却生产了全国40.00%多的GDP，可见三大城市群在中国经济发展中的重要性。

1.1.1.2 城市群一体化、协同发展的国家战略

伴随着京津冀协同发展与长三角一体化发展上升为国家战略，十九大报告明确指出的"以城市群为主体构建大、中、小城市和小城镇协调发展的城镇格局"[②] 已成为城市群的发展导向；城市群将成为新型城镇化的主体形态和现代化建设的重要载体。

---

① 中共中央关于制定国民经济和社会发展第十三个五年规划的建议 [EB/OL]．(2015-11-03) [2021-4-20]．http：//www．gov．cn/xinwen/2015-11/03/content_5004093．htm．
② 习近平．决胜全面建成小康社会 夺取新时代中国特色社会主义伟大胜利——在中国共产党第十九次全国代表大会上的报告 [EB/OL]．(2017-10-27) [2021-4-20]．http：//www．gov．cn/zhuanti/2017-10/27/content_5234876．htm．

1.1.1.3 形态视角与功能联系视角下的城市群空间结构之争

Burger 和 Meijers（2012）指出多中心性的测量方法包含以节点特征为中心的形态学方法和以中心间关系为中心的功能方法分别度量了形态多中心与功能多中心后，他们以荷兰为例进行了检验，发现大多数地区均处于形态多中心而非功能多中心。纵观形态角度下的空间结构研究，学者多基于帕累托指数（黄妍妮，高波，魏守华，2016）、首位度（陈金英，2016）、位序规模法则（赵璟，党兴华，玉修来，2009；张浩然，衣保中，2012；华杰媛，2017；孙斌栋，华杰媛，李琬，等，2019）等指标构建方法，从人口角度测算了城市群的空间结构。有关功能联系视角下的城市群的空间结构研究同样多基于集聚－碎化指数（史雅娟，朱永杉，冯德显，等，2012）、网络节点指标（赵渺希，钟烨，徐高峰，2015）、城市首位度（杨洋，李雅静，何春阳，等，2016）、城市基尼系数（马海涛，黄晓东，李迎成，2018；王少剑，高爽，王宇渠，2019）、位序－规模法则（姚常成，2019）等指标构建方法；唯一与形态角度研究的区别在于，后者多从就业与消费、交通网络、论文、技术知识、物流与资金流等新兴视角测算了城市群空间结构。

通过简单地对比，就能发现现有形态角度的城市群空间结构研究与功能联系视角下的城市群空间结构研究均采用了指标构建方法，但这种指标构建方法均无法衡量出城市群空间结构演变过程中的本质（集聚力与扩散力），无法反映出中心城市的"相对重要性"。

1.1.2 研究意义

1.1.2.1 理论意义

城市群多中心空间结构对经济发展具有重要作用，这一效应得到诸多学者的支持，如侯韵、孙铁山（2016），华杰媛（2017），刘乃全、邓敏（2018），孙斌栋、郭睿、陈玉（2019），李泽众、沈开艳（2020）均通过实证分析认为多中心的城市群空间结构会更有利于经济发展质量的提高。

如何识别城市群多中心空间结构成为学术界尚有争议的问题。正如 Hall & Pain（2006）指出多中心空间结构分为形态多中心与功能多中心，前者强调中心城市的绝对重要性，后者则强调中心城市的相对重要性（中心城市的价值体现在其与外部城市发生的联系）。关于城市群多中心空间结构的研究，早期多集中于运用位序规模法则、首位度、帕累托指数等方法，基于人口的角度测算城市群的形态多中心性（赵璟，党兴华，王修来，2009；张浩然，衣保中，2012；陈金英，2016）；随后，多有学者运用位序规模法则、首位度、度数中心指标、空间结构指数、社会网络分析、基尼系数、尼克格林多中心等方法，基于人流、物流、资金流、技术知识、铁路交通、夜间灯光等角度测算城市群的功能多中心性（姚常成，2019；王少剑，高爽，王宇渠，2019）。然而，Krugman（1991），Krugman & Venables（1995），Venables（1996），Fujita（1997）均指出城市群的演化内在动力源于集聚与扩散效应。具体而言，正如孟祥林（2019）认为，在集聚力与扩散力的作用下，第一阶段，中心地最先出现；第二阶段，在集聚力作用下，中心地逐步发展为区域中心城市；第三阶段，在集聚力与扩散力的综合作用下，区域中心城市给予次级中心城市发展支撑，以次级中心地为核心开始出现次级城市团；第四阶段，集聚力与扩散力综合作用尤其是扩散力作用的进一步发挥，使得影响力较强的次级城市团逐渐演变为区域中心城市的副中心。也就是说现有研究多从人流、物流、资金流等角度构建指标测算城市群功能的多中心性，这一做法并未体现中心城市与外部城市的联系。

基于此，本书的理论意义在于从城市群中心城市与外围城市联系的角度，分析城市群功能多中心性；本书构建了城市群中心城市与外围城市联系的框架，为研究城市群单中心、多中心、网络化等空间结构提供了新视角。

1.1.2.2 现实意义

在厘清了城市群中心城市与外部城市联系框架的基础上，本书建立了空间联立方程模型实证分析城市群的功能分工与经济集聚的空间效应，具有以下现实意义。

第一，本书能弥补不同城市群空间结构发展阶段下城市群功能分工与经济集聚效应、空间联系的研究空白。由文献分析可知，现有研究尚缺少城市群功能分工与经济集聚空间效应的研究，本书填补了现有研究的空白。

第二，本书能够研判未来城市群的发展变化，为城市群的发展提供相关政策建议。本书基于城市群中心城市与外部城市联系的视角，能够很好地判断现有城市群所处的空间结构阶段；进而为单中心阶段城市群跨越到多中心阶段城市群、多中心阶段跨越到网络化阶段提供相关政策依据。

第三，本书能够把握不同城市群内部城市之间的协调发展关系，为大中小城市协调发展提供相关政策建议。城市群作为中国城镇化的主要载体，社会经济要素呈现向城市群集中的趋势，人口集聚与经济集聚对城市群的空间结构和经济发展产生重要影响（李佳洺，张文忠，孙铁山，等，2014）的同时，区域协调发展成为中国区域发展总体战略的重要目标。如何实现区域协调发展？越来越多的学者注意到城市群功能分工与经济集聚对区域一体化、协同发展的重要性（Fresca & Veiga，2011）。为此，本书能够为"大中小城市协调发展"的国家战略提供政策依据。

1.2 研究目标、框架与研究内容

1.2.1 研究目标

本书试图从功能联系的视角重新识别城市群空间结构的单中心发展模式与多中心发展模式。首先，通过剖析城市群空间结构的演变，找出了单中心、多中心空间结构的本质区别"集聚力"与扩散力的差异：当城市群内集聚力占据主导地位的时候，呈现单中心发展模式；当城市群内扩散力占据主导地位的时候，则呈现多中心发展模式。其次，本书试图通过理论分析厘清集聚力与扩散力的区别，试图回答集聚力与扩散力的本质差异，为本书方法的选择提供理论支撑。再次，本书对功能联系视角做了具体探讨，在明晰了研究方法与研究角度后，本书从功能联系视角探讨城市群空间结构就变得水到渠成。最后，本书通过新的研究方法与研究角度对城市群空间结构的单中心发展模式和多中心发展模式进行了识别；并在此基础上讨论了城市群的一体化、协同发展程度。

为了实现上述研究目标，笔者需要着力解决以下几个问题：

首先，笔者需要明确研究方法，这依赖于对城市群空间结构变动的本质有所把握，具体需要厘清以下问题：城市群空间结构单中心、多中心、网络化的本质差异；集聚力、扩散力的核心差异及其在单中心、多中心、网络化空间结构中的体现；空间效应度量集聚力与扩散力的适用性。

其次，笔者需要明确研究角度，在明晰了空间效应能够很好地度量城市群空间结构演变构成中的集聚力、扩散力后，笔者具体应该以什么变量的空间效应作为功能联系视角的切入点？所以，第一，笔者需要对影响城市群空间结构的因素有清晰认识。具体来说，需要厘清以下问题：城市群空间结构的含义及测量方法，哪些因素是影响城市群空间结构的因素，在众多影响城市群空间结构的因素中，哪些又是影响城市群空间结构朝向多中心发展的关键因素。第二，在厘清了影响城市群空间结构朝向多中心发展的关键因素后，笔者还需要解释这些关键因素（功能分工、经济集聚）是如何影响城市群空间结构朝向多中心发展的。第三，在明确了研究方法与研究角度后，还需通过分析功能分工、经济集聚与城市群空间结构单中心发展模式和多中心发展模式的识别，以及此时对城市群一体化、协同发展的研判。进一步需要解决以下这些问题：当城市群内集聚力占据主导地位时，即城市群为单中心空间结构时，功能分工与经济集聚的空间效应如何？当城市群内扩散力占据主导地位时，即城市群为多中心空间结构时，功能分工与经济集聚的空间效应又如何？具体看长三角、京津冀、珠三角等三大城市群的功能分工与经济集聚的空间效应会有何差异？此时，三大城市群所处的空间结构如何识别？

1.2.2 研究框架

研究框架能体现本书的研究思路与脉络，使笔者的研究问题、研究目的与研究路径更加直接、易懂（如图1-2-1所示）。首先，本书通过理论分析发现城市群的空间结构从单中心发展模式到多中心发展模式再到网络化阶段，其本质在于集聚力与扩散力的差异；其次，对集聚力、扩散力进行理论分析发现集聚力与扩散力的实质及二者之间的差异，此发现有利于研究中心城市对外围城市的影响；最后，本书的研究方法区别于传统的功能联系视角下的城市群的空间结构研究（多采用齐夫指数、首位度、基尼系数等指标构建方法等），采用了空间效应作为集聚力与扩散力的识别方法。

在明确了研究方法与研究角度后，笔者通过功能分工、经济集聚的空间效应对城市群的空间结构进行了功能联系视角下的单中心发展模式、多中心发展模式识别，对比分析了长三角、京津冀、珠三角等三大城市群的空间结构及三大城市群协同发展的程度。

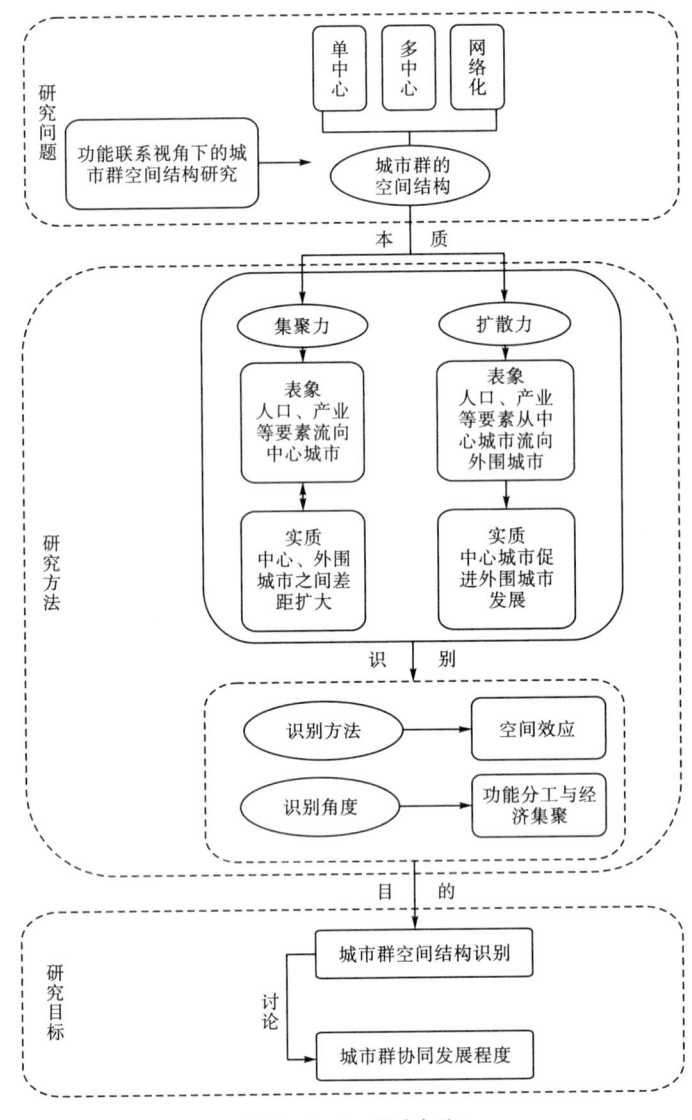

图 1-2-1 研究框架

1.2.3 研究内容

如图1-2-2所示，第1章主要包括研究背景及研究意义、研究目标与研究框架及研究内容，还包括主要创新及不足等内容。其中，研究背景主要论述了中国城市群发展的现状、问题，"大中小城市协调发展"的国家战略及学术研究背景；研究意义则是从理论意义与实践意义两方面进行阐述。总体而言，此部分为本书研究的蓝图；从提出研究问题到研究方法、研究视角再到研究目标做了全局性的描述。

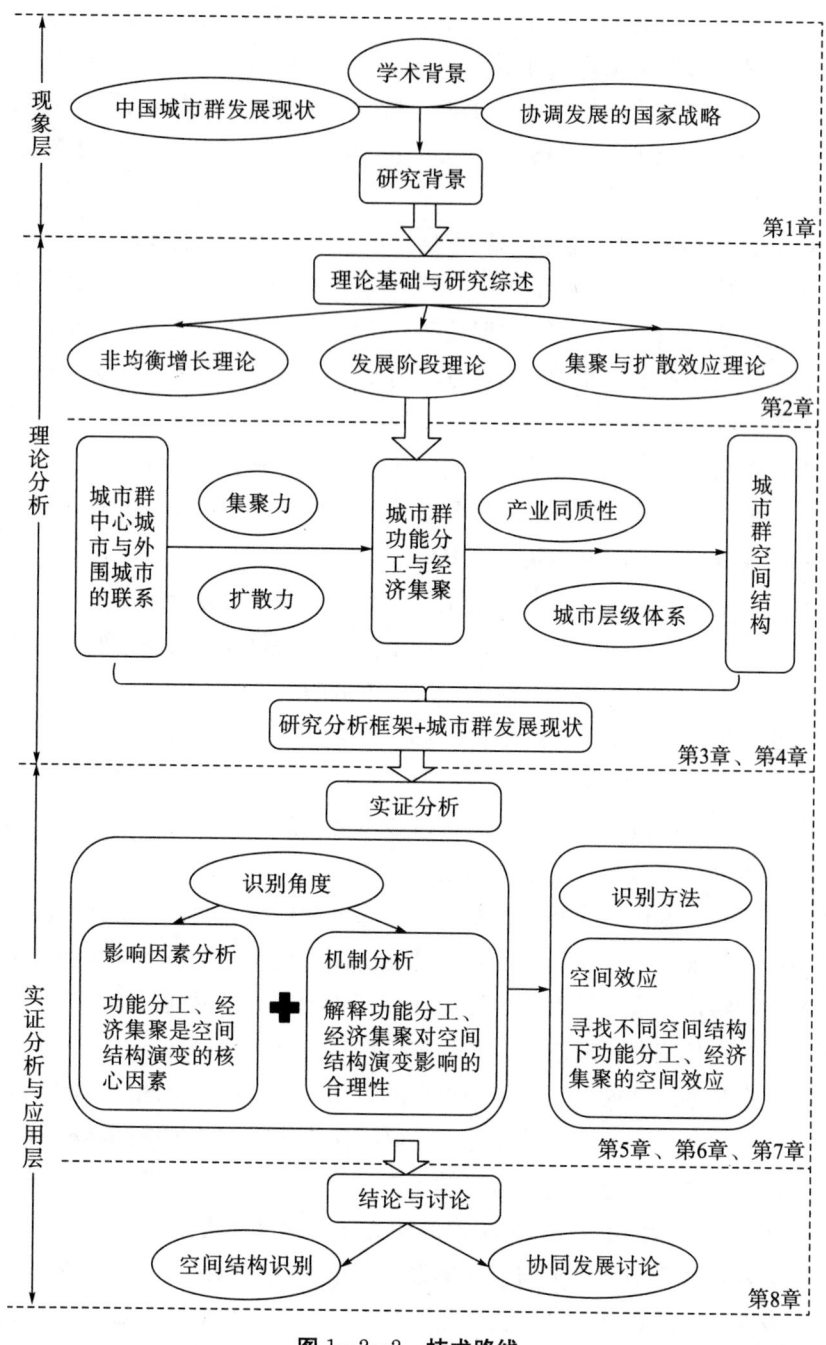

图 1-2-2 技术路线

第2章是理论基础、文献回顾。本章旨在介绍城市群发展的相关理论，为后面章节中的定性和定量分析提供理论支持。相关理论基础主要介绍了以下经典理论：非均衡增长理论、发展阶段理论、集聚效应与扩散效应理论。本章还对现有相关文献进行了梳理，包括城市群空间结构、功能多中心性，城市群空间结构与城市群功能分工的空间效应，城市群空间结构与经济集聚的空间效应，城市群空间结构与城市群功能分工、经济集聚的交叉互动效应。

第3章是功能分工、经济集聚影响城市群的空间结构的理论分析框架。首先，对城市群功能分工、经济集聚、城市群空间结构、城市层级体系等相关的概念进行了界定；其次，对城市群功能分工、经济集聚、城市群空间结构、城市层级体系等重要变量进行了测算方法的概述；最后，构建了本书的理论分析框架，指出城市群功能分工会影响城市间的产业同质性，进而影响城市层级体系，从而影响到城市群空间结构变化。从理论上论证了城市群功能分工与经济集聚会对城市群空间结构产生的重要影响；初步构建了考察城市群空间结构演化的中心城市与外围城市间联系的视角。

第4章是对中国城市群发展概述。城市群发展现状分析是基于中国城市群发展的大背景，着重探讨了长三角、京津冀、珠三角等三大城市群的现状，并从人口、产业、经济等角度概括了三大城市群的发展特点。

第5章是分析城市群空间结构的影响因素。尤其探讨了城市群功能分工、经济集聚对城市群空间结构变动的影响。本章以三大城市群为研究对象，建立面板模型和动态面板门限模型，以探讨城市群功能分工对城市群空间结构变动的影响。通过实证分析，笔者认为城市群功能分工、经济集聚是城市群空间结构朝向多中心发展模式的两大主要因素。稳健性检验表明，城市群空间结构变动存在单一门限效应，即只有在城市群经济体量较大时，城市群功能分工才对城市群空间结构呈现出显著的扩散力作用，即有利于多中心空间结构的形成；然而该效应在长三角、珠三角、京津冀等城市群已普遍存在。

第6章是基于功能分工、经济集聚的视角对城市群的空间结构的影响机制进行分析。本章主要给出了功能分工、经济集聚影响城市群空间结构的一条合理解释；笔者从实证分析的角度构建了中介效应等模型，检验了城市群功能分工－产业同质－城市层级体系－城市群功能分工的机制路径。

第7章是基于功能分工与经济集聚空间效应的空间结构识别。本章以中国最具代表性且发展最为成熟的长三角、京津冀及珠三角等三大城市群作为研究对象，建立实证分析模型探讨城市群功能分工与经济集聚的空间效应。笔者利用微观小普查数据，建立了空间联立方程模型，通过实证分析认为城市群的空间结构由单中心向多中心、网络化的发展模式转变，其功能分工与经济集聚会呈现不同的空间效应。具体而言，当城市群的空间结构为单中心发展模式时，城市群功能分工与经济集聚的极化效应显著；当城市群的空间结构为多中心发展模式时，城市群功能分工与经济集聚的空间溢出效应显著；在城市群的多中心发展模式向网络化发展模式深化的过程中，功能分工与经济集聚的空间溢出效应显著的同时，城市群功能分工与经济集聚的交叉互动效应也显著为正。笔者利用2015年长三角、京津冀、珠三角城市群的横截面数据建立了空间联立方程模型，分析了三大城市群功能联系视角下的空间结构类型，以及针对三大城市群协同发展程度进行讨论。

第8章是结论与讨论。本章对前面章节的观点、结论进行了总结，并在此基础上对相关结论进行了升华。当然，本部分内容也对本书的局限性进行了讨论，进而明晰了未来研究的方向与重点。

1.3 主要创新及不足之处

本书是以中国城市群发展演化为基础的，着眼于城市群中心城市与外围城市联系的视角，以城市群功能分工、经济集聚与城市群的空间结构演变的关系为立论基础，参考国内外研究成果，运用大量的统计数据，并综合运用逻辑推理、例证分析及定量模型和定性相结合的分析方法，以异质性、内生性考量为重点，以动态面板模型、面板门限模型、中介效应模型、空间联立方程模型等为技术手段，通过建立实证模型对相关假说进行检验。

1.3.1 创新点和主要贡献

第一，本书基于城市群集聚与扩散效应，从城市群中心城市与外围城市联系的角度（中心城市与外围城市的集聚效应与扩散效应），构建了城市群空间结构从单中心到多中心再到网络化等发展模式，根据在不同阶段城市间联系的不同特征建立框架。

第二，相关文献在研究城市群的功能多中心性时，偏向于采用多中心指标测算，与形态多中心测度的区别仅仅是选取的角度不同，前者多选用交通、物流、人流、资金流及技术知识等，后者则多用人口变量。显然，这样的测算方法不能很好地度量城市群中城市之间的联系，基于此计算的功能多中心性必然是有片面性的。故本书采用空间计量模型，以空间效应度量城市群中城市之间的关系；具体而言，用城市群城市间的空间效应刻画城市间的集聚力与扩散力，这更能表现城市群中心城市与外围城市的联系视角。

第三，学术界对功能多中心的测算并无有效方法且未达一致见解，以城市群为基础构建大中小城市协调发展的国家战略应运而生。本书开创性地将二者有机结合，指出从联系的角度推进城市群的中心城市与外围城市的有效关联不仅能够有效测度城市群功能多中心性，更有利于推进大中小城市协调发展的国家战略，为其建言献策。具体而言，本书以长三角、京津冀、珠三角城市群为研究对象，对比分析了三大城市群的功能多中心性并指出其协调发展的策略。

第四，为了更好地从功能联系的角度探讨城市群空间结构演变，本书选取城市群的功能分工与经济集聚空间效应的视角，并对选取这一视角的原因做出了三点解释：一是，该视角能够体现"人－产－城"的理论分析思维框架；二是，通过实证分析得出城市群功能分工与经济集聚是城市群的空间结构从单中心发展模式到多中心发展模式演变的最重要的影响因素；三是，通过城市群空间结构演变的机制分析了其影响途径，指出城市群的功能分工、经济集聚影响产业分工进而影响城市群的空间结构。

1.3.2 三点局限

第一方面，本书采用中国三大城市群作为主要研究对象，如若能够获得国外城市群的相关数据可能对相关理论的提炼大有裨益。本书采用谷歌云数据中两小时、两个半小时交通通勤时间作为权重矩阵的构建依据具有一定的适用性，但是该数据依赖于城市中心的选择，如若能获得更好的交通数据，功能分工、经济集聚的空间效应能够得到更深入的分析。第二方面，受获取数据的制约，本书对研究样本地区的选择也受时间、空间两个维度的影响，从而使本书有一定的局限性。如能获得更长时间序列、更完备的县级层面数据，可能会得到更好的估计结果。第三方面，城市群发展战略是国家的长期发展战略，随着相关数据的积累和完善，城市群的功能分工、经济集聚等问题也有待进行深化研究。

第 2 章 理论基础、文献回顾与概念界定

2.1 理论基础

2.1.1 非均衡增长理论

2.1.1.1 "增长极"理论

佩鲁早在1950年就提出了"增长极"（growth pole）的概念，之后他进一步深入研究并构建了"增长极"的理论，主要认为"增长率先以点的形式增长，区域之间呈现出不平衡增长，之后通过多种渠道形成扩散效应，从而对周围地区产生重要影响"（Perroux，1950）。佩鲁指出"增长极"存在显著的创新能力，创新能力是"增长极"形成及处于支配地位的根本原因（Brunelle，2013）。

法国经济学家布德维尔发展了佩鲁的"增长极"理论，将佩鲁"增长极"概念中的抽象经济空间转向了地理空间。布德维尔认为"增长极"位于城镇或其附近，是引导区域深化发展的地理"增长中心"（Brunelle，2013）。

佩鲁的"增长极"理论，有许多学者对其进行了深入的分析研究与发展。缪尔达尔进一步分析了"增长极"的运行机制，指出在累计因果循环作用下，发达地区发展更快，落后地区发展更慢，形成了"二元经济结构"（施祖麟，2007）。赫希曼认为区域可划分为社会经济活动聚集的核心区与经济不发达的边缘区，二区之间存在显著的社会经济联系：核心区吸纳边缘区的人口、资源等生产要素，同时核心区也会对边缘区产生扩散效应，使得整个区域系统整体发展；核心区对边缘区的促进作用被称为"涓滴效应"，阻碍作用则被称为"极化效应"（姚士谋，汤茂林，陈爽，等，2004）。

也有许多学者探讨了佩鲁"增长极"理论的有效性：一方面，诸如Hansent（1975）、Gaile（1980）、Higgens（1983）通过实证分析指出"增长极"地区对外围地区的经济发展并无显著作用。另一方面，有学者则认为"增

长极"理论是有效的,如 Richardson(1976)指出"增长极"地区对外围地区的作用需要在较长一段时间内才会显现;Ying(2000)采用1978—1995年广东等省面板数据,分析认为广东省对周边省区的辐射作用受其自然资源、人力资本和资金等因素的影响。

2.1.1.2 "极化-涓滴"理论

早在1957年,赫希曼就在佩鲁"增长极"理论基础上,做了进一步分析研究,指出区域可划分为社会经济活动聚集的核心区与经济不发达的边缘区,二区之间存在显著的社会经济联系:外围区的劳动力、资金、技术等生产要素会向中心区转移,造成外围区的发展受阻,即为"极化效应";相反,当增长极地区能够促进外围地区的发展时,即为"涓滴效应"。

有许多学者从实证分析的角度检验了该理论的有效性:一方面,极化效应得到了检验:如 Berry(2010)研究认为中心地区的发展使得周围地区的发展受阻;中心地区的发展导致外围地区的生产要素向外转移,从而使得外围地区的发展陷入了衰退。张晓冰(1988)认为中心地区的发展带来了对外围地区的掠夺,外围地区的人才不断向中心地区涌入。史官清(2015)同样认为中心地区依靠吸纳外围地区的财富、人力、资源,促进了自身发展。另一方面,"涓滴效应"得到了检验:Ciccone & Hall(1996)的研究认为中心地区的发展是外围地区发展的前提条件;Freaken、Van & Verbary(2017)则分析认为中心地区的发展使得信息等要素流通便利,从而能够带动外围地区的经济发展;刘维、谢杰、李鹏(2015)则明确指出中心地区的发展对外围地区的发展产生显著的直接影响和空间溢出效应。

2.1.1.3 "中心-外围"理论

1966年,弗里德曼明确地提出了"中心-外围"理论,在资源禀赋等诸多因素影响下,个别地区经济发展突飞猛进、人口集聚、技术进步加快、资本集中,从而率先拥有了较强的创新能力,发展成为中心区域,其他发展缓慢的地区则成了外围(Ottaviano,2010)。中心地区对外围地区具有支配作用,并通过现代化效应、生产效应、联动效应、优势效应和信息效应等不断巩固自身的支配地位,这种优势在积累到一定程度后会向外围地区扩散(阴俊,2018)。

对"中心-外围"理论的发展最先要提克鲁格曼,他深化了"迪克西特-斯蒂格利茨"模型,纳入柯布-道格拉斯生产函数的两区域模型,得到了"中心-外围"模型,探讨了农业与制造业在中心区域与外围区域的均衡分布情况,并揭示了不均衡发展的深层原因(詹国辉,刘邦凡,王奕骅,2015)。针对这一现象，国内外一些学者纷纷从实证分析的角度验证了"中心－外围"理论的有效性（范剑勇，2005；柯善咨，郭素梅，2010；范剑勇，谢强强，2010；Lessmann，2014）。

2.1.2 发展阶段理论

早在1981年，弗里德曼就提出了城市群的空间结构演化的四阶段模型：第一阶段为工业化前期阶段，在此阶段，多数地区生产力水平较低，为封闭式发展，区域分散且区域之间缺乏联系、影响范围较小，地区独立发展的经济特征明显。第二阶段为工业化初级阶段，在此阶段，区域优势明显的地区生产力水平提高，率先得到发展，初步显现"中心－外围"结构模式。第三阶段为工业化成熟阶段，在此阶段，区域内较多城市得到发展，形成了区域副中心，区域内经济联系加强。第四阶段即为工业化后期阶段，在此阶段，外围城市得到快速发展，中心城市与外围城市间的联系更加泛化、深化，区域协同发展加强（李思维，2016）。

弗里德曼较详细地指出了城市群空间结构会由低水平空间均衡发展到单中心增长极，进而发展到高水平多中心均衡。

比尔·斯科特将城市群的发展划分为单中心、多中心及网络化三个模式发展阶段；在多中心模式发展阶段，城市群中心城市与次级中心城市之间相互竞争；发展到网络化发展模式阶段的时候，城市群各城市间则相互依赖相互竞合，实现共同发展（方创琳，王振波，马海涛，2018）。

朱顺娟（2012）以长株潭城市群为例，分析了1949—2008年该城市群的发展演化，通过案例分析指出城市群的空间结构呈现出低水平均衡—以集聚为主的单中心阶段—以集聚扩散并存的城市群组阶段—高水平均衡的网络化阶段等四个阶段。刘璐（2019）运用中国十大城市群2005—2014年人口、产业、经济等面板数据，计算了ROXY指数，分析了城市群整体集聚和扩散的发展态势，分析后认为城市群内部结构呈现从单中心模式发展的集聚效应显著逐渐出现扩散效应，进而向多中心模式发展的空间结构转变。孟祥林（2019）指出在集聚力与扩散力的作用下，第一阶段，中心地出现在交通通达性、经济基础、人口规模等资源占优的地区。第二阶段，在集聚力作用下，中心地开始统领区域内的发展，逐步发展为区域中心城市。第三阶段，随着整个区域城市化水平的提升，在集聚力与扩散力的综合作用下，区域中心城市汲取次级中心城市的要素进行自身发展的同时，也给予次级中心城市一定的发展支撑。第四阶段，集聚力与扩散力同时发挥作用，尤其是扩散力作用的进一步发挥，使得次级中心城市与区域中心城市共同成为区域的核心（如图 2-1-1 所示）。

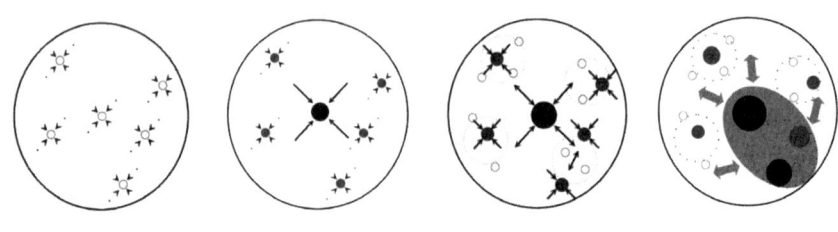

图 2-1-1　中心地分化的四个阶段

资料来源：孟祥林，2019. 城市群内中心地的功能互补与等级有序的差异化发展——兼论京津冀多层次的中心城市体系的建构[J]. 上海城市管理，2019，28（5）：21-30.

2.1.3　集聚效应与扩散效应理论

集聚效应最早由 Marshall（1890）提出，由于劳动力共享、专业化投入及知识溢出等作用，产业生产会产生规模效应，在正外部性的影响下，进而产生了集聚效应。Myrdal（1957）在其累计循环因果论中提出集聚效应即为人口等生产要素向发达地区流动，使得区域差异愈加扩大。葛宝琴（2010）指出，集聚效应即为极化效应，呈现了人口等要素在地理空间上向某一位置集中和聚合的态势。集聚效应使得地区内部人口、产业、资本、技术等各类要素向中心城市集中。

关于扩散效应，Myrdal（1957）在其累计循环因果论中提出扩散效应，即人口等生产要素向不发达地区流动，使得区域差异愈加缩小；也即核心城市促进外围城市经济发展，核心城市会对外围城市产生正向作用。葛宝琴（2010）指出，"扩散效应"即为"涓滴效应"，呈现了人口等要素由中心城市向外围地区扩展和分散的态势。李思维（2016）指出，区域发展初期，人口等生产要素会向中心城市集中，随着中心城市愈加发达，人口等生产要素又会从中心城市流向外围城市，这种优势扩散即为"扩散效应"。

关于"扩散效应"产生的原因，Myrdal（1957）认为大城市的发展使得中心城市人口密集、交通拥堵、环境污染等大城市病问题突出，在这种要素资源倒逼下，人口等生产要素会向低成本的外围地区迁移。Hirschman（1957）认为随着中心城市的发展，其先进技术、先进理念及管理模式、制度等会给外围城市带去溢出效应，从而推动外围城市发展。随着中心城市生产、运营成本的增加，重土地、重原材料、重劳动力的第二产业等不堪成本重负，会向中心城市的外围城市迁移，进而带动人口向外迁移，形成扩散效应（Diego，2010；

Giulio, Donato, 2012)。Krugman（1995）也指出当运输成本非常高时，会产生扩散效应。

2.2 文献回顾

2.2.1 功能分工的空间效应与城市群的空间结构

城市群功能分工主要采取绝对专业化指标、相对专业化指标及职能专业化指标等进行度量；其中，绝对专业化指标可采用首位部门集中度指数（Duranton & Puga, 2000）、赫芬达尔－赫希曼指数（Duranton & Puga, 2000）、熵指数（Hackbart & Anderson, 1975）等指标进行刻画；相对专业化指标可采用首位部门相对集中度指数（Duranton & Puga, 2000）、区位基尼系数（Sukkoo, 1995；Duranton & Puga, 2000；Duranton & Puga, 2005）等刻画；职能专业化指标采用职能部门相对集中度指数（Duranton & Puga, 2005）进行刻画。

朱彦刚、贺灿飞、刘作丽（2010），贺灿飞、肖晓俊（2011）和贺灿飞、肖晓俊、邹沛思（2012）指出功能空间布局与城市规模等级体系相对应，中国城市群的核心城市和外围城市均呈现出功能专业化不断增强的特征。赵勇、魏后凯（2015）研究发现，在城市群层面，空间功能分工与地区差距之间存在着非线性关系。城市功能分工或产业专业化主要受产业内部空间转移的推动（Brunelle, 2013）；城市功能分工使得城市群内城市间的联系频繁化、复杂化，最大限度地发挥了产业集聚效应，促进了区域内各城市产业与经济的快速发展（毕玉凯，2018）。当城市群中心城市与外围城市的产业联系增强时，城市群的发展形成合力、互利共赢；反之，将形成"大都市阴影区"，区域发展差异扩大（孙东琪，张京祥，胡毅，等，2013）。城市功能分工或产业专业化的空间溢出效应得到了众多学者的支持（陈国亮，陈建军，2012）。

2.2.2 经济集聚的空间效应与城市群空间结构

劳动力共享、专业化投入及知识溢出使得规模经济得以产生，而规模经济带来的正外部性则使得集聚效应形成（Marshall, 1890）。在城市的集聚与扩散过程中，交通运输成本的降低等正外部性条件使得城市集聚产生（Krugman, 1991），而交通成本很高或很低的时候则会使得城市向外扩散（Henderson, 1997；Tabuchi, 1998）。企业、消费者的集聚使得城市空间集中度提高，随着集聚力的加强，城市过度集中带来的诸如污染、交通拥挤、高昂房价与地租等大城市病问题显现；高昂的交通成本与生活成本使得规模不经济，迫使企业与消费者向周边扩散（Krugman & Venables，1995）。如果把这种规模不经济等负外部性产生的扩散看作是一种被动扩散，由知识溢出带来的扩散则成为一种主动扩散（葛宝琴，2010）。

信息与知识的溢出，使得经济行为在城市集中，促使城市成为经济增长的引擎（Lucas，1988）。经济全球化与区域经济一体化背景下，地区间经济发展的相互依赖性提高，经济集聚的空间效应显现（Carlino & Kerr，2015；张可，2019）。区域经济增长除了取决于自身要素的投入外，还受到周边经济发展的影响，受益于地理位置的空间相邻、投入产出的产业关联等，空间溢出效应成为中国区域经济发展的重要影响因素（李小建、樊新生，2006；柯善咨，2010；潘文卿，2012）。这种空间效应在城市群的不同发展阶段呈现出不同的特点：发展初期，大城市从周边小城市吸纳要素，抑制了小城市的发展；发展后期，小城市因临近大城市，得到正向的溢出效应而获得更强的增长动力（孙斌栋、丁嵩，2016）。

2.2.3 功能分工、经济集聚的交叉互动效应与城市群空间结构

基于城市群功能分工的背景，在分类效应与选择效应共同作用下，高技能、竞争力强的劳动力在大城市集聚，低技能、竞争力弱的劳动力在中小城市集聚（Ottaviano，2010）；显然，人口、经济与城市群功能分工密不可分：一方面，合理的城市功能分工能够有效调节人口分布，实现"人随业走""以业控人"，促进经济增长（石郑，2016；易红，2016）；另一方面，经济增长、劳动力集聚优化了产业分工体系，促进了城市群功能分工（马莹，2014）。由此可见，经济集聚与城市群功能分工互为因果、相互促进。

然而，关于城市群功能分工与经济集聚的空间交叉互动效应的研究较为缺乏，无太多资料能给本书做参考。

总而言之，现有研究缺乏对城市群功能分工的系统性理论研究成果，更多的是对现实发展趋势的理论探讨和实证分析（马燕坤，张雪领，2018）；具体而言，针对城市群功能分工与经济集聚空间效应的研究较少，尤其是对二者空间交叉效应的研究更少；而考虑不同城市体系特征下的城市群功能分工与经济集聚空间效应的研究则是相关领域的空白。

现有文献主要存在以下缺陷：第一，在考虑城市群功能分工与经济集聚关系时较少地考虑空间机制；第二，在考虑城市群功能分工与经济集聚空间关系

时，现有实证分析未考虑二者之间具有的双向因果关系，从而得到的估计结果是不全面的；第三，通过实证分析研究城市群功能分工与经济集聚的空间效应，鲜有研究考虑二者之间在空间上存在的内生性问题，从而得到的估计结果也是不全面的；第四，分析研究城市群功能分工与经济集聚的关系，需要考虑不同城市群的发育程度，而这方面的研究还是空白的。

基于此，笔者利用中国长三角、京津冀及珠三角等三大城市群数据，建立空间联立方程模型，在考虑内生性问题的情况下，实证分析了城市群功能分工与经济集聚的空间效应。本书的研究具有以下实践与理论意义：一方面，能够把握不同城市群内部城市之间的产业协调发展关系，研判未来城市群的发展变化，为城市群的发展提供相关政策建议，具有重要的实践意义；另一方面，能弥补不同城市体系发展阶段下，城市群功能分工与经济集聚的空间效应、空间联系的研究空白，具有重要的理论意义。

2.3 概念界定

2.3.1 功能分工

分工是经济领域发展的常态，产业分工又是其典型形式，产业分工发展到一定程度会呈现出产业链高级分工等形态；马燕坤、张雪领（2019）指出城市群功能分工是产业在城市群内的时空变化，随着城市群经济的发展，城市间的产业分工逐渐由以水平分工为主向以垂直分工为主，再向以功能分工为主演进。显然，产业分工分为产业间分工（部门间水平分工）、产业内分工（部门内垂直分工）、产业链分工三阶段，功能分工即体现出了产业链分工等特征。

何为功能分工？把这种新形式的分工称为功能专业化，并构建了相应的测算方法（Duranton & Puga，2005）。魏后凯（2007）指出其产业链分工才是功能分工。城市群功能分工具体表现为生产性服务业主要在中心城市集聚，生产制造业主要在边缘城市集聚，使得中心城市主要发挥生产性服务功能，边缘城市主要发挥生产制造功能（齐讴歌，赵勇，2014；尚永珍，陈耀，2020）。

进一步，功能分工对区域空间优化配置的重要作用，对区域协调发展的重要影响已被众多学者从实证分析的角度进行了研究（Fujita & Tabuchi，1997；Duranton & Puga，2005；江静，刘志彪，2006；张若雪，2009；赵勇，白永秀，2012；金田林，2018）。具体而言，从产业价值链分工的角度探讨了功能分工，功能分工的提高有助于城市群整体能力的提高（周韬，郭志仪，2014）。柴志贤、何伟财（2016）从产业效率的角度出发，认为功能分工的提高有助于生产性服务业经济效率的提高。周韬（2017）则指出功能分工的提高，有助于城市群内部产业价值链发展水平的提高。

基于此，城市群功能分工指标多采用 Duranton & Puga（2005），赵勇、魏后凯（2015）的方法，使用城市功能专业化指标作为其衡量变量。具体计算公式如下：

$$FS_i(t) = \frac{\dfrac{\sum_{k=1}^{N} L_{ikm}(t)}{\sum_{k=1}^{N} L_{ikp}(t)}}{\dfrac{\sum_{k=1}^{N}\sum_{i=1}^{M}{}_{ikm}(t)}{\sum_{k=1}^{N}\sum_{i=1}^{M}{}_{ikp}(t)}}$$

其中，i 代表县或市辖区等地区，$i=1，2，3，…，M$；k 代表产业，$k=1，2，3，…，N$；m 代表生产性服务业[①]的从业人员；p 代表生产性制造业[②]的从业人员；$FS_i(t)$ 即为地区 i 时间 t 时的城市群功能分工指标。若 $FS_i>1$，则表示该城市群内生产性服务业在该地区相对集中，表明该地区城市功能专业化程度较高；若 $FS_i<1$，则表示该城市群内生产性制造业在该地区相对集中，表明该地区城市功能专业化程度较低。

值得注意的是，也有学者如苏红键、赵坚（2011），赵勇、白永秀（2012）只将租赁和商务服务业纳入生产性服务业；将采矿业、制造业、电力、燃气及水的生产和供应业纳入生产性制造业。这使得计算得到的城市群功能分工指标存在差异，故笔者将此种方法计算的指标纳入稳健性分析中。

2.3.2 经济集聚

最早在 1920 年，Marshall 就提出了经济集聚的概念，他指出相同类型企业的集聚能够促进员工的交流与学习，有利于知识溢出和技术创新，从而形成了规模经济的正外部性。许多学者认为经济集聚是经济发展的一种形态，代表经济活动在地理与空间上的集中，是经济发展中的一个普遍现象（陶长琦、彭永樟，2017）。经济集聚就是单位面积内经济活动的集中程度，可通过单位面

---

① 生产性服务业具体包括金融业，房地产业，交通运输、仓储和邮政业，信息传输、计算机服务业和软件业，租赁和商务服务业，科学研究、技术服务和地质勘查业。

② 生产性制造业具体包括采矿业，制造业，建筑业，电力、燃气及水的生产和供应业。

积内所承载的经济活动量来衡量（Ciccone & Hall，1996；张可，汪东芳，2014），故其采用单位面积的非农产出来测算地区的经济集聚程度。伍骏骞、阮建青、徐广彤（2018）采用经济密度来衡量经济集聚，即用单位面积的国内生产总值衡量经济集聚程度。张可（2019）采用类似方法，利用各省的非农产出与其土地面积之比来刻画。汪聪聪、王益澄、马仁锋等（2019），孔海涛、于庆瑞、张小鹿（2019）也采用此方法，利用单位面积非农产出来测算经济集聚程度。周侃、王强、樊杰（2019）认为农业产值更多的是在耕地、园地等农业空间实现，故将农业产出从 GDP（Gross Domestic Product）中剥离进行经济集聚度计算。林伯强、谭睿鹏（2019）则采用单位土地面积上的劳动力来衡量经济集聚程度。也有学者，尤其是新经济地理学派认为市场潜能通过后向联系促进经济集聚，市场潜能指标能够很好地体现经济集聚程度（杨巧、陈诚，2019）；故采用 Harris（1954）方法，测算市场潜能指标，从而衡量经济集聚程度：

$$MP_i = \frac{\sum_{i \neq j} Y_j}{d_{ij}} + \frac{Y_i}{d_{ii}}$$

其中，MP_i 中 i 代表城市市场潜能，Y 代表各城市国内生产总值，d_{ij} 代表 i 城市和 j 城市之间的直线距离，d_{ii} 代表 i 城市的内部距离。

为不失一般性，笔者依旧采用此方法测算经济集聚，即扣除第一产业产值的总经济规模与行政区域面积之比。

2.3.3　城市群层级体系

城市群层级体系的研究一直是地理学与经济学相关学者关注的重点。分工被认为是城市形成的重要条件，专业分工的进一步提高使得交易市场在大中小城市形成了分层，使得大、中、小城市和小城镇组成的城市体系进一步得到深化。城市层级体系的研究得到了广泛关注，其中尤以层级体系的测量为研究重点：一是以人口单要素测度城市层级，如严重敏（1989）利用非农人口，梁琦、黄利春（2014）利用城市常住人口对城市群层级体系进行了测算。二是以多要素综合测度城市层级，如倪鹏飞（2008）运用区位条件、人口规模、政府规划、经济规模、影响力等指标测算了城市层级体系；方佳琳、刘艳芳、王好峰（2015）运用人口、国内生产总值、航空客流量等指标测算了城市层级体系。整体来看，学界对城市群层级体系的测算愈加复杂、愈加科学、愈加精准。

就城市层级体系的动力机制来看，李鹏举（2017）指出，其主要受劳动分工、经济因素、政府和制度因素等影响；具体而言，他指出在劳动分工主导下，规模不一、市场大小不一、企业定位不一的城市具有不同的吸引力，从而形成了不同的层级结构；在空间集聚与扩散效应作用下、在市场机制与政府调控双重影响下，城市层级体系不断变化，且城市层级体系也会影响这些动力机制，二者是一个双向效用机制；经济因素与分工是层级体系变动的最重要的两大原因。

国外学者在对城市层级体系的测量上开始的较早，如 Duranton & Puga（2005）采用凝聚力分析法与结构对等性分析法、Brunelle（2013）运用社会网络分析等方法测算了层级体系。

在国内比较有代表性的如钟业喜、陆玉麒（2011）使用聚类分析方法，靳艳峰、李钢（2015）采用灰色关联度方法等对我国城市群层级体系进行了测算。崔大树、李鹏举（2018）利用城市流强度模型与因子分析法分别研究了长三角城市群的空间功能联系，进而评价长三角城市群的层级性。王如玉、王志高、梁琦等（2019）构建指标体系来测度城市的中心性，选择商贸、服务、空间关联、制造业和对外开放五个方面构建城市中心性指标体系，进而对综合指数排序。

2.3.4 城市群空间结构

何为城市群空间结构？早在1988年，周一星就提出了都市连绵区，陆大道（2001）则探讨了我国点轴结构模式。朱顺娟（2012）指出城市群空间结构强调各城市之间人口、城镇、经济等空间分布与空间联系。王春杨、吴国誉、张超（2015）指出城市群空间结构是城市间的位置关系与相互作用及其空间关联程度。王磊、高倩（2018）认为城市群空间结构是城市群内各城市人口、产业等要素在各城市的分布与组合，是集聚力和扩散力相互作用的结果。

此后众多学者从形态或功能的角度来研究城市群空间结构的单中心与多中心。Hall & Pain（2006）从功能多中心的角度测算了城市群的多中心性，认为城市之间会形成合作、互补，分工有序、联系紧密的城市群落。赵璟、党兴华、王修来（2009）利用中国西部地区七大城市群1997—2006年的面板数据，运用位序规模法则，实证分析发现城市群空间结构逐渐由前期的单中心化向近年的多中心化转变。张浩然、衣保中（2012）利用中国十大城市群2000—2009年面板数据，运用位序规模法则，分析认为中国十大城市群整体上呈单中心化趋势。Liu、Derudder & Wu（2016）利用中国二十二大城市群2013年的交通网络数据构建了形态多中心与功能多中心的测算指标,实证分析发现东部沿海的城市群在形态与功能上达到高度的多中心性。黄妍妮、高波、魏守华(2016)利用中国十大城市群2007—2014年面板数据,运用帕累托指数、Mono指数和首位度等三个指标分析了城市群空间结构的演变,实证分析发现长三角、珠三角、京津冀、海峡西岸和辽中南城市群大体呈现多中心发展态势,中原城市群由弱多中心结构向弱单中心结构演变,长江中游城市群呈现出弱多中心结构,西部地区城市群则为典型的单中心结构。王婷(2016)利用1990年、2000年、2010年中国十三大城市群的人口和客运量数据,采用位序规模法则及常规多中心度测算,实证分析发现我国大多数城市群仍处于向单中心集聚的阶段,但珠三角、长三角等少数城市群已经呈现出一定的多中心化趋势。陈金英(2016)利用2001—2012年中国二十大城市群的面板数据,运用位序规模发展测算了城市群的中心度与首位度,实证分析发现我国大多数城市群处于单中心阶段,珠三角则处于多中心阶段。华杰媛(2017)利用1990年、2000年、2010年中国十三大城市群的城镇人口数据,采用位序规模法则,认为中国城市群呈明显的多中心演化趋势。孙斌栋、华杰媛、李琬等(2018)利用中国十三大城市群1990年、2000年和2010年人口普查的常住人口数据,使用规模-位序法则测算了城市群的形态单中心-多中心程度,实证分析发现大多数城市群的空间结构呈现多中心化趋势。姚常成(2019)利用中国八大城市群2001—2018年人口及期刊合作论文等面板数据,采用位序规模方法测算了城市群的形态多中心与功能多中心性,实证分析发现八大城市群的功能单中心结构依旧较为明显。

关于城市群空间结构变动影响因素的研究引起了众多学者的关注。张庭伟(2001)利用合理模型及理论分析指出城市空间结构的变化来源于社会、市场、政府等三方势力的共同作用。钟业喜、文玉钊(2013)认为城市群空间结构效应包含城市群规模效应、城市群距离效应及城市群空间联系效应[①];而城市群内部的空间联系则是促进城市群整体发展的内在动力之一,深刻影响着城市群空间结构的演变。王婷(2016)以中国十三大城市群为研究样本,运用位序规模分布法和社会网络分析法,认为城市群的经济发展水平是影响其空间结构的

---

① 作者采用城市群空间联系强度指标(T_{ij})进行度量,具体计算公式为:

$$T_{ij} = k \frac{\sqrt{P_i \times V_i} \times \sqrt{P_i \times V_i}}{D_{ij}^2}$$

其中,P为人口指标可采用非农人口数;V为经济指标可取GDP;D为两城市之间的距离或时间;k为常数,可取1。

根本原因；影响城市群空间结构由单中心向多中心演变的重要因素还包括城市群人口规模、人口集聚程度、功能联系强度、产业结构等；而政府干预的影响则不显著。孙明月（2016）以长三角城市群为例，通过社会网络分析指出高速铁路建成后，每个城市接受其他城市的辐射和辐射其他城市的能力都有所增长，区域间联系更加紧密，城市空间结构得到优化。华杰媛（2017）以中国十三大城市群为研究对象，采用规模位序法度量城市群基于形态学的单中心－多中心空间结构，运用面板数据模型实证研究认为城市群人均 GDP 水平的提高和人口规模的扩大是导致城市群空间结构多中心化的主要原因；同时，多中心空间结构也有助于提高城市群经济发展水平。孙斌栋、华杰媛、李琬等（2018）利用长三角、珠三角、京津唐、辽中南、山东半岛、闽中南、成渝、中原、关中、哈大齐、长吉、武汉及长株潭等十三大城市群的 1990 年、2000 年和 2010 年人口普查及经济普查的面板数据，基于位序－规模的城市群空间结构度量方法，构建了城市群空间结构演化影响因素的面板回归模型；经实证分析后得出经济发展水平、人口规模是导致城市群空间结构多中心化的主要原因，而行政区域面积、产业结构、政府干预、交通基础设施、投资开放度等因素的影响不显著。张林、高安刚（2019）运用 2003—2016 年中国十三大城市群面板数据，基于单中心－多中心视角测度城市群创新空间结构，采用双重差分法考察国家高新区对城市群创新空间结构的影响；研究发现国家高新区显著推动城市群向创新多中心空间结构模式演进，且显著通过缩小城市间知识密集型服务业发展水平差距强化了这一效应。赵丽琴、李赞、王志楠（2019）基于 QAP 算法分析了城市群空间联系网络的驱动因素，结果发现城市群空间距离、经济发展水平、要素集聚与扩散能力、第三产业占比等是影响城市群空间联系网络的重要因素。Giuliano、Kang & Yuan（2019）以洛杉矶城市群为研究案例，从集聚经济的角度分析认为多中心使得大都市得以深化发展，最终形成城市群集聚。

考虑到集聚碎化指数的增大能够体现空间结构向多中心、网络化方向发展，故本书采用集聚碎化指数作为其衡量变量。

第3章 功能分工、经济集聚影响城市群空间结构的理论分析框架

3.1 功能联系视角下的城市群空间结构概念辨析

功能联系视角下的城市群空间结构研究更多地从城市群城市之间的内在联系判断城市群空间结构变动。然而，现有研究对城市群空间结构的测算主要通过帕累托指数、Mono指数、首位度、集聚－碎化指数、城市－区域均匀度、城市－区域经济集聚力等指标构建法（见表3－1－1），无法较好地刻画出城市群城市之间的集聚力与扩散力。

表3－1－1　城市群空间结构核算方法

方法	计算	含义
帕累托指数	$P(K)=P_1 K^{-q}$ $\alpha=1/q$	K为城市序列号，$P(K)$为排名K的城市的人口规模； $\alpha>1$，城市群内大多数城市的实际规模大于理论规模； $0<\alpha<1$，城市群内大多数城市的实际规模小于理论规模； $\alpha\to 1$，城市群系统形态更好
Mono指数	$\ln P_i = C - q\ln R_i$ $\alpha = \|q\|$	R_i为城市位序，P_i为城市的人口或就业规模，i代表城市； $\alpha>1$，核心城市突出，城市群服从单中心首位分布； $\alpha<1$，城市群人口分散、规模差异小，服从多中心结构分布； $\alpha=1$，城市体系完全服从齐夫法则

续表3-1-1

方法	计算	含义
首位度	$s=\dfrac{P_1}{\sum P_i}$ $s_2=\dfrac{P_1}{P_2}$ $s_4=\dfrac{P_1}{(P_2+P_3+P_4)}$ $s_{11}=\dfrac{P_1}{(P_2+\cdots+P_{11})}$	P_i为排名i的城市的人口规模； 第一类是用首位城市规模占比整个城市群的比重； 第二类为两城市指数、四城市指数、十一城市指数； 也可采用GDP法，衡量经济集聚度
集聚－碎化指数	$y_i=\dfrac{x_i}{\sum\limits_{i=1}^{n}x_i}$ $I=\sum\limits_{i=1}^{n}\sqrt{y_i}$	x_i为区域i的某一指标，y_i为该指标的区域i的占比情况，I为碎化指数； $I\in[1,n]$，当$y_i=1$时，I值最小，区域高度集中； 当$y_1=y_2=\cdots=y_n$时，I值最大，区域绝对均匀
城市－区域均匀度	$y_i=\dfrac{x_i}{\sum\limits_{i=1}^{n}x_i}\times\dfrac{s_i}{\sum\limits_{i=1}^{n}s_i}$ $NI=\sum\limits_{i=1}^{n}\sqrt{y_i}$	将空间面积的不均衡程度纳入公式；NI的范围为0~1，当NI越接近1时越均匀，NI越接近0时越集聚。该模型将城市区域的空间面积考虑到整个指标中，克服了缺少空间要素的不足，对于碎化度指数是一个有益的补充，衡量城市群空间集聚和扩散程度具有较强的参考意义
城市－区域经济集聚力	$R=\dfrac{r_c}{r_{-c}}$	r_c代表核心区人均GDP，r_{-c}代表腹地人均GDP； 若两个年度之间的指数R值上升就反映了核心地区处于快速增长的集聚阶段，经济发展的空间还比较大。当两个年度之间的指数R值下降，则反映了核心地区集聚力处于辐射发展的阶段，经济活动开始向周边扩散

从功能联系视角来看，城市群空间结构更多地体现了中心城市的相对重要性。故笔者需要构建另外一个框架分析研究功能联系视角下的对城市群空间结构的识别。

3.1.1 功能联系视角下的集聚力与扩散力

依据前述理论分析，首先，笔者发现城市群空间结构从单中心向多中心再向网络化阶段发展，其本质在于集聚力与扩散力的不同。其次，当城市群内集聚力占据主导地位时，是城市群的单中心阶段。再次，当城市群内扩散力占主导地位时，是城市群的多中心阶段。最后，当扩散力进一步发挥时，城市群内中心城市对外围城市的促进作用加大，为城市群的网络化阶段。

那么，何为集聚力？何为扩散力？

Myrdal（1957）在其累计循环因果理论中指出，集聚力体现人口、产业等要素流向了中心城市（葛宝琴，2010）。这种流动会不利于外围城市的发展（姚士谋，汤茂林，陈爽，等，2004）；当集聚力增大到一定程度之后，中心城市由于交通运输成本的提高使集聚不经济，也使集聚不再利于中心城市的发展。

进一步，Myrdal（1957）在其累计循环因果理论中也指出，扩散力体现了人口、产业等要素从中心城市向外围地区流动，使得区域差异愈加缩小（葛宝琴，2010；李思维，2016）；这种流动会带动外围城市的发展（Hirschman，1957），而且，这种推动作用得到了诸多学者的实证支持（阴俊，2018）。

总而言之，在功能联系的视角下，集聚力与扩散力的本质区别在于中心城市能否促进外围城市的发展。

3.1.2 功能联系视角下的单中心、多中心空间结构定义

Hall（2006）指出多中心空间结构的研究可分为形态多中心与功能多中心两派，前者强调了中心城市的绝对重要性，后者则强调了中心城市对外围城市联系的相对重要性。综合前述城市群空间结构单中心、多中心的理论分析与功能联系视角下集聚力、扩散力的差异分析，发现当城市群内集聚力占据主导地位时城市群为单中心阶段。此时城市群内中心城市汲取外围城市的要素实现了自身发展，而缺乏中心城市对外围城市的反哺、促进作用，反而导致了城市群内协同、一体化发展水平较低的情况。

当城市群内扩散力占据主导地位时，城市群为多中心阶段。此时城市群内中心城市由于人口、产业等要素溢出到外围城市，使得中心城市会反哺、促进外围城市的发展，从而体现出城市群的协同、一体化发展水平较高。

当扩散力进一步发挥时，城市群内中心城市对外围城市的促进作用不断加大，是城市群的网络化阶段。此时，城市群内中心城市的人口、产业等要素更多、更好地溢到外围城市，使得中心城市会更好地反哺、促进外围城市的发展，从而实现了城市群内的协同、一体化发展。

3.2 功能联系视角下城市群空间结构的识别

3.2.1 识别角度：功能分工、经济集聚角度选择的必然性

一方面，影响城市群空间结构变动的因素是多样的，在众多因素中要挑出影响城市群空间结构向多中心、网络化方向发展的核心因素；另一方面，通过对城市群空间结构的影响因素分析，发现在众多影响城市群空间结构的因素中，功能分工、经济集聚是影响城市群空间结构向多中心、网络化方向发展的核心因素。因此，笔者还需要对功能分工、经济集聚影响城市群空间结构变动的原因给出一条合理的解释。这样才能够更好地说明选择功能分工、经济集聚角度的合理性。

产业集聚是产业发展的早期特征，随着时间的推移，发展产业集聚要先提升再下降，呈现出"倒 U 型"发展（Krugman，1991）；进一步，随着一体化进程的加速，产业集聚水平明显下降，产业结构差异度下降、产业同构显现。国内产业同构问题的研究多集中于长三角、京津冀、珠三角等城市群的研究。如王仪文（2019）对珠三角、京津冀城市群的产业同构性进行了研究，她认为珠三角、京津冀等地区也存在不同程度的产业同构。

关于产业同构对经济发展的影响，一些学者认为产业同构是产业分工的深化是"合意"的（陈耀，1998；刘传江，吕力，2005）；但近些年来，更多的学者认为产业同构存在诸多"不合理性"，产业同构会造成资源浪费，导致有限的资源被分散到不同的区域，无法形成合力；继而，阻碍了区域之间产业发展的联动效应与协同效应（梁琦，黄利春，2014）。石郑（2016）指出区域产业趋同将不利于区域间的交流与合作。马文艳（2018）利用 2011—2016 年我国三十一个省级行政区的面板数据，实证分析指出产业同构不利于产业效率的提升。刘云中、何建武（2019）认为不合理的区域产业同构不利于区域产业专业化发展。王仪文（2019）利用京津冀地区 2003—2018 年数据，通过熵值法分析认为产业同构不利于京津冀区域协调发展。余东华、张昆（2020）利用 2006—2018 年二十八个省级行政区的面板数据，结合中介效应分析方法分析出产业结构趋同会阻碍制造业向高级化发展的进程，尤其是影响东部地区的制造业向高级化发展的进程。

关于对产业同构的测算，早在 1979 年，联合国工业发展组织就提出了用结构相似系数度量产业结构的相似程度，此后，产业同构通常以产业同构系数

第3章　功能分工、经济集聚影响城市群空间结构的理论分析框架

S_{ij} 刻画（郝良峰、邱斌，2016；付强，2018）：

$$S_{ij} = \frac{\sum_{k=1}^{n} X_{ik} X_{jk}}{\sqrt{\sum_{k=1}^{n} X_{ik}^2 \sum_{k=1}^{n} X_{jk}^2}}$$

其中，X_{ik}、X_{jk} 即代表 i，j 地区 K 行业特征值（从业人员、产值等）的比重，k 代表不同的行业；S_{ij} 即代表 i 地区与 j 地区的产业同构系数，其值在 0 到 1 之间，值越大说明两地产业同构程度越严重。产业同构是区域一体化的重大障碍，也是制约城市群向多中心、网络化模式演变的阻碍。

如何防止区域产业过度趋同呢？温洁洁（2007）、宋帅（2019）等学者均指出中心城市的扩散效应有助于城市产业分工，从而在一定程度上降低城市之间的产业趋同。

产业分工对城市空间结构的影响已被诸多学者证实，顾朝林、甄峰、张京祥（2000）明确指出产业结构是城市扩散的重要原因；王磊（2001）认为产业结构演变与城市形态演化密切相关；王玉祺（2014）也指出产业结构调整对城市空间结构优化存在重要影响。

关于产业同构与城市层级体系的研究，如郝良峰、邱斌（2016）利用因子分析法计算了长三角地区同城化指数，并进一步研究了在多中心城市体系中的中心城市与外围城市之间的结构关系，指出同城化水平在提高的同时增加了产业相似度。崔大树、李鹏举（2018）也指出，城市群高层级城市、低层级城市与中层级城市承担不同的产业功能，中层级城市作为高层级城市向低层级城市扩散的中转站，一方面需要接受高层级城市辐射的带动作用，另一方面带动低层级城市发展。功能分工有利于城市群城市的扁平化发展，产业同构则不利于城市群城市扁平化发展趋势。

进一步，梁琦、黄利春（2014）指出优化产业空间结构，促进产业集聚、产业转移、产业升级互动，能够促进构建稳健有序的城市层级体系。陆杰华、王伟进（2014）利用 2001 年和 2011 年地级市数据分析认为产业转移、升级能够推动城市层级体系空间梯度的良性流动。曾鹏、李洪涛（2019）也明确提出只有加强产业布局与分工，才能促进城市层级体系协同发展。

梁琦、黄利春（2014）指出城市层级体系一般由单中心模式向多中心模式演化。王珊（2017）以成渝城市群为例研究了成渝城市群层级体系，发现成渝城市群层级体系大体符合齐夫定律，呈现出较均衡的空间结构。张颢瀚、张超（2012）也指出大都市圈的空间结构会推动空间结构进一步优化。李东泉、翁

湉源（2018）以京津、长三角、珠三角、成渝等城市群为研究对象，利用社会网络分析法指出城市等级体系符合位序规模法则。孙平军、丁四保、修春亮等（2011）也认为城市等级体系推动空间结构动态演变。

综上所述，城市群城市层级体系与城市群空间结构是城市群形态的正反两面，二者存在着密切关系。

经济发展因素，居民收入因素，人口因素，产业结构及产业分工因素，政府支出等财政因素，道路、公共交通、医疗卫生等公共基础设施建设因素均是城市群空间结构变动的重要因素。在众多因素中找出影响城市群空间结构的重要因素或者是找出影响城市群空间结构多中心发展的因素，成了本书的第一步。

通过实证分析发现功能分工、经济集聚是影响城市群空间结构向多中心发展的关键因素。基于此，笔者通过中介效应分析，研究了功能分工、经济集聚对城市群空间结构多中心发展的影响机制。一方面，经济集聚与功能分工会直接影响到城市群空间结构的变动；另一方面，经济集聚与功能分工会影响城市之间的产业同构，进而会影响到城市层级体系的变化与城市群空间结构的演变（如图3-2-1所示）。

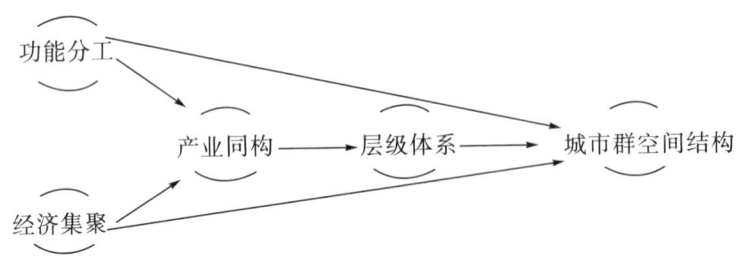

图3-2-1　理论模型构建一

经济集聚的过程体现了集聚力与扩散力之间的较量，在经济集聚初期，城市经济集聚多呈现集聚效应，各城市之间的无序竞争使得产业发展缺乏协同，致使产业同构现象严重；在经济集聚后期，扩散效应变得明显，各城市之间沟通逐渐增多，区域协同发展逐渐增强，会使产业同构现象减轻。各城市产业同构进一步使得各城市竞争关系加剧，从而使得城市群各城市层级体系发生变动。一方面，功能分工的增强无疑会有效缓解产业同构的相关问题；另一方面，层级体系的变动实质上体现了城市群空间结构的演变。

3.2.2　识别方法：集聚力与扩散力的空间效应度量

笔者通过经济集聚、功能分工的空间效应刻画城市群内城市之间的联系。

第一，二者存在双向因果关系。城市群功能分工与经济增长之间存在联动关系：一方面，合理的城市功能分工能够有效调节人口分布，实现"人随业走""以业控人"，促进经济增长（石郑，2016；易红，2016）；另一方面，经济增长、劳动力集聚优化了产业分工体系，为城市群产业分工、功能分工等奠定了基础（马莹，2014）。因此，研究城市群功能分工与经济集聚的互动效应需要建立联立方程模型，以考察两者之间的双向因果效应。第二，二者具有空间效应。依据Button聚集经济理论及Haggett城市群演化理论，人口迁移会带动周边地区的人口迁移与经济增长、产业结构变化，经济增长、产业结构变化也会带动周边地区的功能转变，即经济增长与城市群功能分工之间存在空间效应。笔者在研究城市群功能分工与经济集聚的互动关系时，建立空间联立方程模型（如图3-2-2所示）。

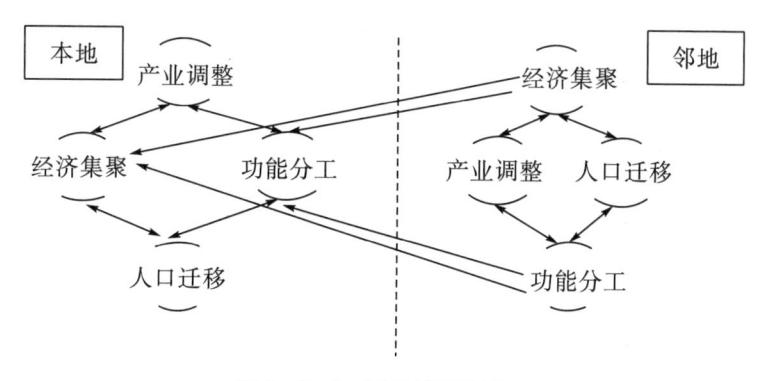

图3-2-2　理论模型构建二

在联立方程模型中主要关注直接反馈系数与空间溢出效应（参见第7章）。第一，当联立方程模型中的直接反馈系数显著为负时，表明城市群内本地的功能分工不利于本地的经济集聚，本地的经济集聚也不利于本地的功能分工；为什么会产生这种不利影响？因为城市群内由于中心城市成本上升，使得集聚不经济，城市群内极化效应显著；反映了城市群内的主导力为集聚力。第二，当联立方程模型中的直接反馈系数与空间溢出效应均显著为正时，表明城市群内本地的功能分工有利于本地的经济集聚，本地的经济集聚有利于本地的功能分工；且邻地的功能分工也有利于本地的功能分工，邻地的经济集聚也有利于本地的经济集聚；为什么会产生这种广泛的促进作用？因为此时城市群内形成了普遍的中心城市对外围城市的反哺、促进作用，使城市群内扩散效应显著，反映了城市群的主导力为扩散力。

前述分析指出了当城市群内集聚力占据主导地位时，则城市群为单中心阶段。此时城市群的中心城市通过汲取外围城市的要素实现自身发展，导致中心

城市缺乏对外围城市的反哺和促进作用，这时城市群内的协同、一体化发展水平较低，对应到此处的空间效应模型直接反馈系数则显著为负，且空间溢出效应也显著为负。

当城市群的扩散力占主导地位时，则城市群为多中心阶段。此时城市群的中心城市由于人口、产业等要素溢到外围城市，使得中心城市会反哺、促进外围城市的发展，这时城市群的协同、一体化发展水平较高。对应到此处的空间效应模型直接反馈系数则显著为正，且空间溢出效应也显著为正。

当城市群的扩散力占主导地位后还进一步发挥作用时，城市群的中心城市对外围城市的促进作用逐渐加大，即城市群的网络化阶段，这时城市群的中心城市的人口、产业等要素会更多、更好地溢到外围城市，使中心城市得到更好地反哺、促进外围城市的发展；从而实现了城市群的协同、一体化发展。对应到此处的空间效应模型，直接反馈系数则显著为正，且空间溢出效应与空间交叉效应均显著为正。

第4章 中国城市群发展概述

4.1 中国城市群发展现状

4.1.1 人口集聚

自改革开放以来，中国的城镇化进程突飞猛进。1978年至2019年，中国的城镇常住人口从1.7亿增长至8.5亿，城镇化率从17.92%提升至60.60%（如图4-1-1所示）。伴随着中国经济、城市的高速发展，逐渐形成了长三角、京津冀、珠三角、成渝、长江中游、哈长、辽中南、山东半岛、中原、海峡西岸、呼包鄂榆、太原、关中、宁夏沿黄、兰西、天山北坡、黔中、滇中、北部湾等发育成熟度不一的十九大城市群。考虑到兰西城市群、天山北坡城市群、黔中城市群、滇中城市群、北部湾城市群等五大城市群因相关变量数据缺失严重，故以其他十四大城市群为例窥见中国城市群的发展变化。

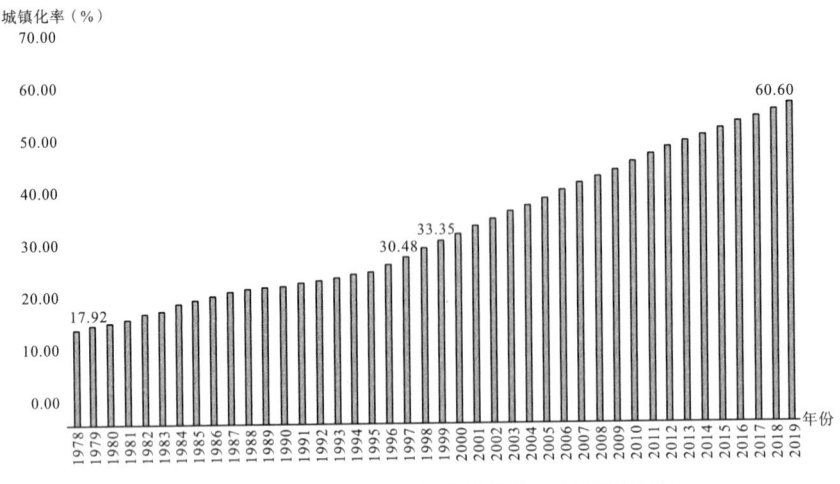

图 4-1-1　1978—2019 年中国常住人口城镇化率

资料来源：笔者根据资料整理，用 Excel 绘制此图。参见国家统计局，2021. 中国统计年鉴 2020 [M]. 北京：中国统计出版社.

从人口的角度看，长三角城市群 2007 年的人口占全国总人口的比重达到了 17.69%，这一比例到 2017 年上升至 18.40%；京津冀城市群 2007 年的人口占全国总人口的比重达到了 13.52%，这一比例到 2017 年上升至 14.09%；珠三角城市群 2007 年的人口占全国总人口的比重达到了 11.98%，这一比例到 2017 年上升至 13.08%；成渝城市群 2007 年的人口占全国总人口的比重达到了 15.45%，这一比例到 2017 年上升至 15.64%；长江中游城市群 2007 年的人口占全国总人口的比重达到了 18.20%，这一比例到 2017 年上升至 18.33%；哈长城市群 2007 年的人口占全国总人口的比重达到了 6.75%，这一比例到 2017 年下降至 6.22%；辽中南城市群 2007 年的人口占全国总人口的比重达到了 4.57%，这一比例到 2017 年下降至 4.41%；山东半岛城市群 2007 年的人口占全国总人口的比重达到了 5.88%，这一比例到 2017 年上升至 5.90%；中原城市群 2007 年的人口占全国总人口的比重达到了 6.01%，这一比例到 2017 年上升至 6.32%；海峡西岸城市群 2007 年的人口占全国总人口的比重达到了 12.76%，这一比例到 2017 年上升至 13.45%；呼包鄂榆城市群 2007 年的人口占全国总人口的比重达到了 1.38%，这一比例到 2017 年上升至 1.42%；太原城市群 2007 年的人口占全国总人口的比重达到了 2.16%，这一比例到 2017 年上升至 2.17%；关中城市群 2007 年的人口占全国总人口的比重达到了 3.71%，这一比例到 2017 年上升至 3.72%；宁夏沿黄城市群 2007 年的人口占全国总人口的比重达到了 0.67%，这一比例到 2017 年上升至 0.74%。十四大城市群中仅有哈长城市群、辽中南城市群的户籍人口占比出现了下降；总体而言，长三角、京津冀、珠三角等三大城市群户籍人口占比从 2007 年的 43.19％上升至 2017 年的 45.58％，大多数城市群人口集聚效应体现。①

4.1.2 产业结构

从产业发展的角度看，长三角城市群 2007 年三次产业结构的比重达到了 4∶54∶42，这一比例到 2017 年为 3∶43∶54；京津冀城市群 2007 年三次产业结构的比重达到了 6∶45∶48，这一比例到 2017 年为 4∶36∶60；珠三角城市群 2007 年三次产业结构的比重达到了 5∶50∶45，这一比例到 2017 年为 4∶41∶55；成渝城市群 2007 年三次产业结构的比重为 16∶46∶38，这一比例到 2017 年达到了 9∶45∶46；长江中游城市群 2007 年三次产业结构的比重为 14∶47∶39，这一比例到 2017 年达到了 9∶47∶44；哈长城市群 2007 年三次产业结构的比重为 14∶50∶36，这一比例到 2017 年下降至 4∶44∶52；辽中南城市群 2007 年三次产业结构的比重为 8∶52∶40，这一比例到 2017 年下降至 3∶42∶55；山东半岛城市群 2007 年三次产业结构的比重为 7∶58∶35，这一比例到 2017 年达到了 3∶45∶52；中原城市群 2007 年三次产业结构的比重为 9∶58∶33，这一比例到 2017 年达到了 2∶42∶56；海峡西岸城市群 2007 年三次产业结构的比重为 11∶50∶39，这一比例到 2017 年达到了 3∶46∶51；呼包鄂榆城市群 2007 年三次产业结构的比重为 5∶53∶42，这一比例到 2017 年达到了 1∶37∶62；太原城市群 2007 年三次产业结构的比重为 4∶56∶40，这一比例到 2017 年达到了 1∶37∶62；关中城市群 2007 年三次产业结构的比重为 11∶47∶42，这一比例到 2017 年达到了 3∶42∶55；宁夏沿黄城市群 2007 年三次产业结构的比重为 10∶53∶37，这一比例到 2017 年达到了 4∶44∶52。总而言之，十四大城市群第一产业比重下降，主要靠第二、三产业拉动，呈现了产业结构优化的态势。

4.1.3 经济发展

从经济规模看，长三角城市群 2007 年的 GDP 占全国 GDP 的比重达到了 19.95％，这一比例到 2017 年上升至 20.45％；京津冀城市群 2007 年的 GDP

---

① 第 4 章 2017 年的数据，笔者根据资料整理。国家统计局，2009. 中国城市统计年鉴 2008 [M]. 北京：中国统计出版社；国家统计局，2019. 中国城市统计年鉴 2018 [M]. 北京：中国统计出版社.

占全国GDP的比重达到了10.34%，这一比例到2017年下降至9.98%；珠三角城市群2007年的GDP占全国GDP的比重达到了11.82%，这一比例到2017年下降至11.43%；成渝城市群2007年的GDP占全国GDP的比重达到了4.80%，这一比例到2017年上升至6.37%；长江中游城市群2007年的GDP占全国GDP的比重达到了7.02%，这一比例到2017年上升至9.38%；哈长城市群2007年的GDP占全国GDP的比重达到了3.69%，这一比例到2017年下降至1.92%；辽中南城市群2007年的GDP占全国GDP的比重达到了4.06%，这一比例到2017年下降至1.80%；山东半岛城市群2007年的GDP占全国GDP的比重达到了6.28%，这一比例到2017年下降至3.49%；中原城市群2007年的GDP占全国GDP的比重达到了3.10%，这一比例到2017年下降至1.03%；海峡西岸城市群2007年的GDP占全国GDP的比重达到了5.91%，这一比例到2017年下降至3.01%；呼包鄂榆城市群2007年的GDP占全国GDP的比重达到了1.55%，这一比例到2017年下降至0.72%；太原城市群2007年的GDP占全国GDP的比重达到了1.03%，这一比例到2017年下降至0.49%；关中城市群2007年的GDP占全国GDP的比重达到了1.33%，这一比例到2017年下降至1.18%；宁夏沿黄城市群2007年的GDP占全国GDP的比重达到了0.30%，这一比例到2017年下降至0.22%。十四大城市群中仅有长三角城市群、成渝城市群、长江中游城市群的GDP占比出现了上升，其他十一大城市群的GDP占比呈现不同程度的下降。城市群的发展使得一部分城市群产生了经济集聚的同时，也有城市群的经济增长受阻。这明然说明经济的发展既离不开人口的集聚，更离不开产业的优化。

综上所述，中国城市群经济增长呈不均衡态势，同时，各城市群呈现人口集聚态势和产业结构持续优化。新时代背景下，为促进各城市经济增长，各城市群之间协调发展刻不容缓。

4.2 三大城市群发展现状

4.2.1 人口集聚与经济发展

4.2.1.1 中国经济发展的三大增长极

中国城市群经济发展呈现了不均衡的增长态势。各城市群的发展也存在显著的分化。以中国三大典型城市群（长三角、京津冀、珠三角）看，2007年，三大城市群合计常住人口占全国人口比重的23.76%左右，土地面积占比为

6.22%，却贡献了全国GDP的42.27%，人均GDP占比更是全国平均水平的1.67倍（表4-2-1）。从整体来看，三大城市群用全国6.00%多的土地，约25.00%的人口生产了全国40.00%多的GDP，可见这三大典型城市群在中国经济发展中的重要性，它们是中国经济、社会发展的重要增长极。

表4-2-1 2007—2018年三大城市群相关要素全国占比情况

年份	常住人口占比	土地占比	GDP占比	人均GDP占比
2007年	23.76%	6.22%	42.27%	167.00%
2008年	24.05%	6.22%	41.71%	161.00%
2009年	24.33%	6.21%	42.13%	161.00%
2010年	25.29%	6.22%	42.21%	162.00%
2011年	26.54%	6.18%	41.82%	146.00%
2012年	26.69%	6.33%	41.81%	143.00%
2013年	26.70%	6.32%	41.49%	176.00%
2014年	26.82%	6.33%	41.50%	146.00%
2015年	26.80%	6.33%	41.43%	146.00%
2016年	26.84%	6.33%	41.76%	145.00%
2017年	26.71%	6.35%	41.93%	172.00%
2018年	27.12%	6.38%	40.57%	139.00%

资料来源：国家统计局，2020. 中国城市统计年鉴2019 [M]. 北京：中国统计出版社.

然而，从时间对比看，到2018年的三大典型城市群常住人口合计占比在27.12%左右，相较于2007年的三大典型城市群常住人口合计增加了3.36%；土地面积占比仅增加了0.16%，无太大变化；GDP占比则为40.57%，减少了1.70%。可见，三大典型城市群也出现了分化发展的趋势。

4.2.1.2 人口进一步集聚，经济集聚分化发展

具体来看，2007—2018年长三角城市群的常住人口占比由9.39%增加到了10.99%，增加了1.60%；土地面积占比增加了0.14%；GDP占比则从19.92%增加到了19.98%，增加了0.06%（见表4-2-2）。可见在长三角城市群的经济总量占比呈增长的态势下，人口和土地增长少于经济增长。

表 4-2-2　2007—2018 年长三角城市群相关要素全国占比情况

年份	常住人口占比	土地占比	GDP 占比	人均 GDP 占比
2007 年	9.39%	2.09%	19.92%	212.00%
2008 年	9.45%	2.09%	19.66%	208.00%
2009 年	9.71%	2.09%	19.96%	205.00%
2010 年	10.48%	2.09%	19.94%	190.00%
2011 年	10.95%	2.19%	19.93%	182.00%
2012 年	10.95%	2.19%	19.86%	181.00%
2013 年	10.96%	2.19%	19.69%	209.00%
2014 年	10.98%	2.22%	19.81%	180.00%
2015 年	10.97%	2.22%	19.73%	179.00%
2016 年	10.95%	2.22%	19.94%	182.00%
2017 年	10.90%	2.22%	20.29%	202.00%
2018 年	10.99%	2.23%	19.98%	181.00%

资料来源：国家统计局，2020. 中国城市统计年鉴 2019 [M]. 北京：中国统计出版社.

2007—2018 年京津冀城市群的常住人口占比由 7.28% 增加到 8.06%，增加了 0.78%；土地面积占比增加了 0.03%；GDP 占比则从 10.48% 减少到 9.37%，减少了 1.11%（见表 4-2-3）。可见在京津冀城市群的经济总量占比呈下滑的态势下，人口和土地投入与经济增长相背离。

表 4-2-3　2007—2018 年京津冀城市群相关要素全国占比情况

年份	常住人口占比	土地占比	GDP 占比	人均 GDP 占比
2007 年	7.28%	2.25%	10.48%	144.00%
2008 年	7.36%	2.25%	10.35%	140.00%
2009 年	7.45%	2.25%	10.60%	142.00%
2010 年	7.63%	2.25%	10.65%	139.00%
2011 年	7.82%	2.11%	10.53%	134.00%
2012 年	7.90%	2.27%	10.68%	135.00%
2013 年	7.91%	2.26%	10.48%	146.00%
2014 年	8.03%	2.24%	10.30%	128.00%

续表4-2-3

年份	常住人口占比	土地占比	GDP占比	人均GDP占比
2015年	7.99%	2.24%	10.23%	128.00%
2016年	7.99%	2.24%	10.34%	129.00%
2017年	7.90%	2.26%	10.12%	146.00%
2018年	8.06%	2.28%	9.37%	116.00%

资料来源：国家统计局，2020. 中国城市统计年鉴2019［M］. 北京：中国统计出版社.

2007—2018年，珠三角城市群常住人口占比从7.09%增加到8.98%，增加了0.98%；土地面积占比大体不变；GDP占比则从11.87%减少到11.22%，减少了0.65%（见表4-2-4）。可见在珠三角城市群的经济总量占比呈下滑的态势下，人口和土地投入与经济增长相背离。

表4-2-4 2007—2018年珠三角城市群相关要素全国占比情况

年份	常住人口占比	土地占比	GDP占比	人均GDP占比
2007年	7.09%	1.88%	11.87%	167.00%
2008年	7.24%	1.88%	11.70%	161.00%
2009年	7.17%	1.87%	11.57%	161.00%
2010年	7.18%	1.88%	11.63%	162.00%
2011年	7.77%	1.88%	11.35%	146.00%
2012年	7.84%	1.88%	11.28%	143.00%
2013年	7.83%	1.87%	11.31%	176.00%
2014年	7.81%	1.87%	11.40%	146.00%
2015年	7.85%	1.87%	11.47%	146.00%
2016年	7.90%	1.87%	11.48%	145.00%
2017年	7.91%	1.87%	11.51%	172.00%
2018年	8.07%	1.87%	11.22%	139.00%

资料来源：国家统计局，2020. 中国城市统计年鉴2019［M］. 北京：中国统计出版社.

综上所述，2007—2018年，长三角城市群、京津冀城市群、珠三角城市群常住人口仍在集聚（如图4-2-2所示）。在土地面积变化不大的背景下，长三角城市群的GDP在全国的占比基本保持稳定，京津冀城市群、珠三角城市群的 GDP 在全国占比在下滑，尤其是京津冀城市群的 GDP 下滑较大（如图 4-2-3 所示）。三大城市群人口仍在集聚，但是经济增长出现了分化。

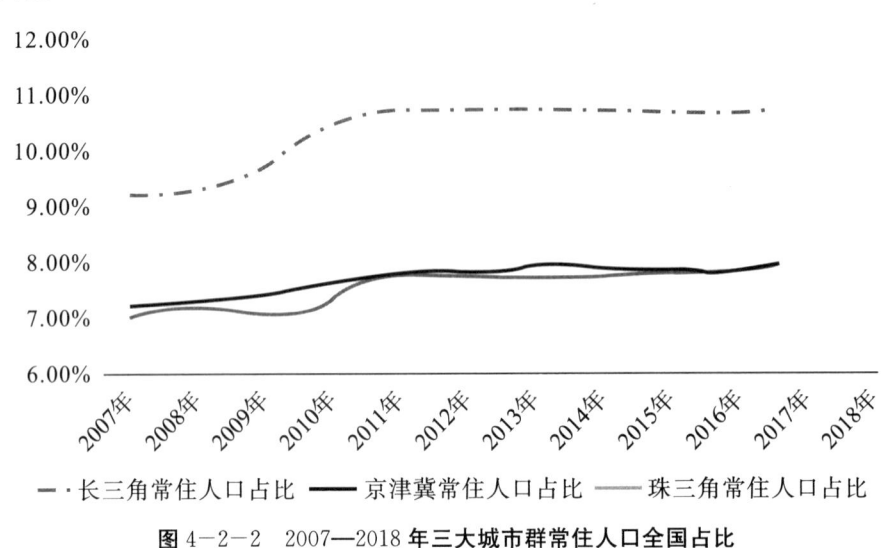

图 4-2-2 2007—2018 年三大城市群常住人口全国占比

资料来源：笔者根据资料整理，用 Excel 绘制此图。参见国家统计局，2020. 中国城市统计年鉴 2019 [M]. 北京：中国统计出版社.

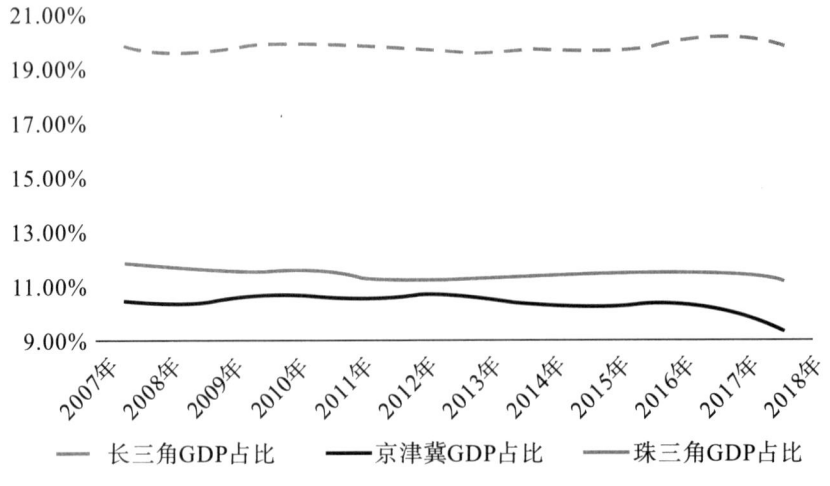

图 4-2-3 2007—2018 年三大城市群 GDP 全国占比

资料来源：笔者根据资料整理，用 Excel 绘制此图。参见国家统计局，2020. 中国城市统计年鉴 2019 [M]. 北京：中国统计出版社.

4.2.2 城市群经济联系

经济联系强度反映了城市之间的经济联系，有学者采用隶属度方法有利于衡量城市间经济联系强度（欧向军，薛丽萍，顾雯娟，2015），本书便采用了此研究方法。

由 2007 年长三角城市群城市间经济联系强度图可知（如图 4-2-4 所示），上海市与南京市、无锡市、常州市、苏州市、南通市、盐城市、杭州市、宁波市、嘉兴市、湖州市、金华市、舟山市、台州市、合肥市等十四个城市的经济联系强度均大于 0.1；南京市则与盐城市、合肥市、芜湖市、马鞍山市、安庆市、滁州市、宣城市等七个城市的经济联系强度均大于 0.1；杭州市与宁波市、嘉兴市、湖州市、绍兴市、金华市、台州市、宣城市等七个城市的经济联系强度均大于 0.1；合肥市则与铜陵市、安庆市等二个城市的经济联系强度均大于 0.1。此外，还有无锡市与常州市、苏州市，苏州市与南通市、嘉兴市、湖州市，扬州市与镇江市、泰州市，宁波市与舟山市、台州市等市的经济联系强度均大于 0.1。可见，在 2007 年长三角各级城市之间已经形成了较好的经济联系。

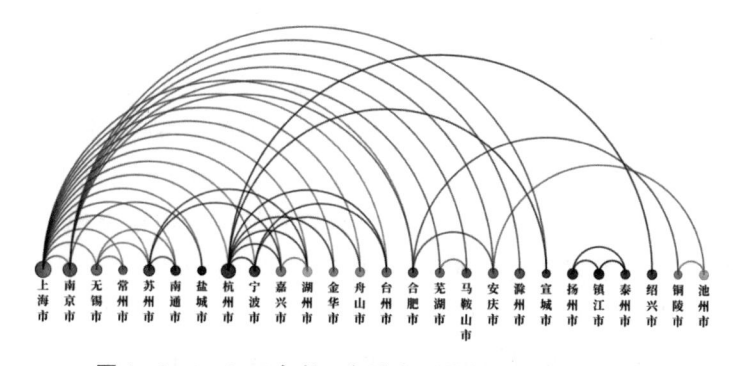

图 4-2-4 2007 年长三角城市群城市间经济联系强度

资料来源：参见国家统计局，2009. 中国城市统计年鉴 2008 [M]. 北京：中国统计出版社.

到了 2018 年这一经济联系的密切趋势得到了较好的保持（如图 4-2-5 所示），长三角城市群内也出现了变化，如苏州市与杭州市、南通市与盐城市、合肥市与芜湖市、芜湖市与宣城市、铜陵市与安庆市的经济联系强度有所提高，均大于 0.1；而南京市与安庆市、杭州市与宣城市的经济联系强度有所下降，均小于了 0.1。可见，2007—2018 年长三角城市群的中心城市与副中心城市、副中心城市与外围城市之间大中小城市错落发展的格局得到了进一步优化。

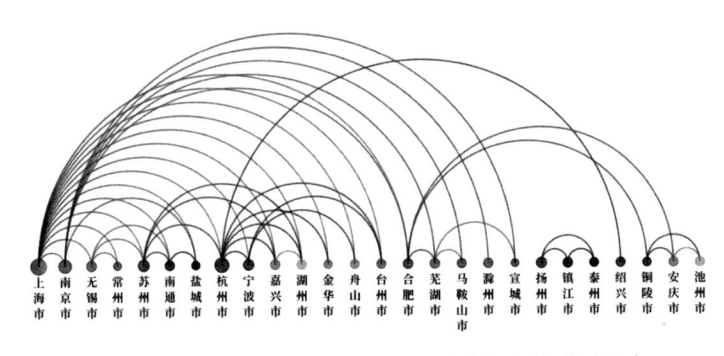

图 4-2-5 2018年长三角城市群城市间经济联系强度

资料来源：参见国家统计局，2020. 中国城市统计年鉴2019 [M]. 北京：中国统计出版社.

由2007年京津冀城市群城市间经济联系强度图可知（如图4-2-6所示），北京市与天津市、石家庄市、唐山市、秦皇岛市、邯郸市、邢台市、保定市、张家口市、承德市、沧州市、廊坊市、衡水市等十二个城市的经济联系强度均大于0.1；天津市则与石家庄市、唐山市、秦皇岛市、邯郸市、保定市、张家口市、承德市、沧州市、衡水市等九个城市的经济联系强度均大于0.1；石家庄市与邯郸市市、邢台市、保定市、衡水市等四个城市的经济联系强度均大于0.1。此外，非省会城市间，仅有唐山市与承德市、秦皇岛市，邯郸市与邢台市，保定市与衡水市的经济联系强度均大于0.1。可见，2007年京津冀城市群各级城市之间主要是与北京市、天津市的经济联系较好，处于低层级城市之间的经济联系较缺乏。到了2018年，这一趋势一方面得到了较好的保持（如图4-2-7所示）；另一方面，京津冀城市群内也出现了一点变化，如天津市与廊坊市的经济联系强度有所提高，大于了0.1；表明天津市的经济联系范围有了扩展。京津冀城市群各级城市之间主要是与北京市、天津市的经济联系较好，与处于低层级城市之间的经济联系还是较缺乏。

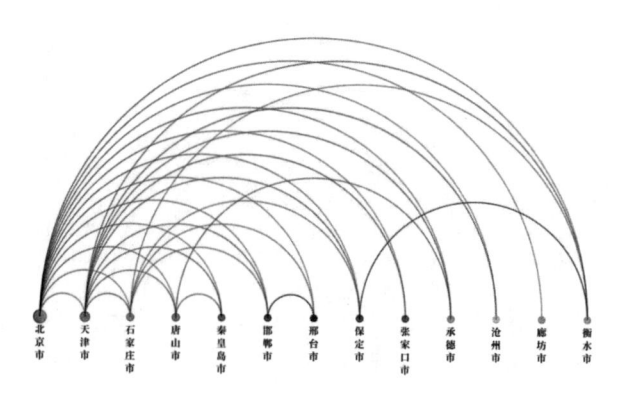

图 4-2-6　2007 年京津冀城市群城市间经济联系强度

资料来源：参见国家统计局，2009. 中国城市统计年鉴 2008［M］. 北京：中国统计出版社.

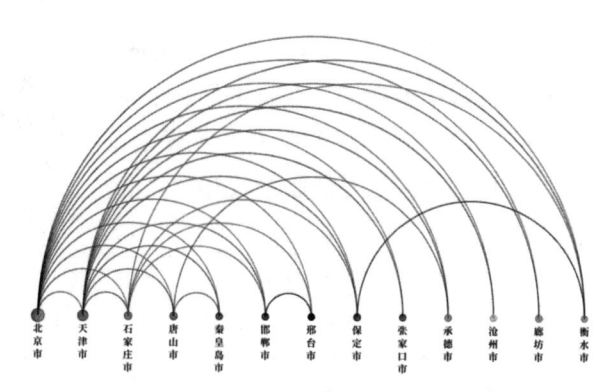

图 4-2-7　2018 年京津冀城市群城市间经济联系强度

资料来源：参见国家统计局，2020. 中国城市统计年鉴 2019［M］. 北京：中国统计出版社.

由 2007 年珠三角城市群城市间经济联系强度图可知（如图 4-2-8 所示），广州市与韶关市、深圳市、珠海市、佛山市、江门市、茂名市、肇庆市、惠州市、梅州市、汕尾市、河源市、阳江市、清远市、东莞市、中山市、揭阳市、云浮市等十七个城市的经济联系强度均大于 0.1；深圳市则与珠海市、惠州市、梅州市、汕尾市、河源市、阳江市、揭阳市等七个城市的经济联系强度均大于 0.1。此外，非省会城市间，还有珠海市与中山市，汕头市与梅州市、潮州市、揭阳市，佛山市与肇庆市、清远市、东莞市、云浮市，江门市与中山市，湛江市与茂名市，茂名市与阳江市，肇庆市与云浮市，惠州市与汕尾市、河源市的经济联系强度均大于 0.1。可见，在 2007 年珠三角城市群各级城市之间的经济联系情况较好。

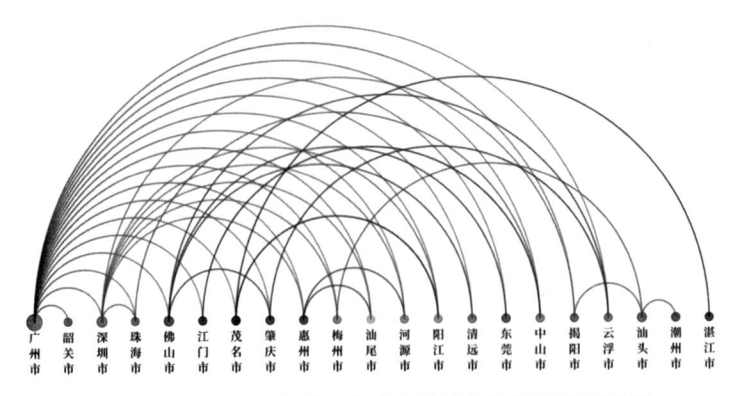

图 4-2-8 2007 年珠三角城市群城市间经济联系强度

资料来源：参见国家统计局，2009. 中国城市统计年鉴 2008 [M]. 北京：中国统计出版社.

到了 2018 年，这一趋势一方面得到了较好的保持（如图 4-2-9 所示）；另一方面，珠三角城市群内也出现了一点变化，如深圳市与中山市的经济联系强度有所提高，大于了 0.1；表明深圳市的经济联系范围有了扩展。整体而言，珠三角城市群各级城市之间的经济联系较好。

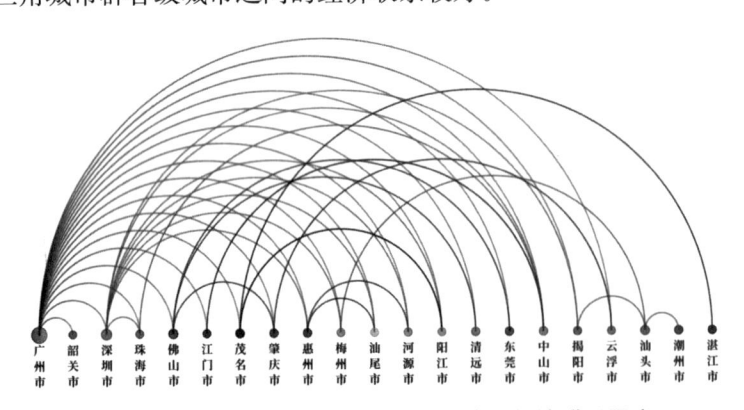

图 4-2-9 2018 年珠三角城市群城市间经济联系强度

资料来源：参见国家统计局，2020. 中国城市统计年鉴 2019 [M]. 北京：中国统计出版社.

4.2.3 城市群空间结构

采用张京祥、罗小龙、殷洁（2008）方法在对集聚碎化指数进行修正的基础上，计算城市区域均匀度以刻画城市群空间结构的变动。该集聚碎化指数越接近于 1，表明城市的空间分布越均匀；集聚碎化指数接近于 0，则表示城市的空间分布越集聚。这对衡量城市群空间的集聚程度和扩散程度具有较强的参考意义。

首先，2007年长三角城市群经济与区域面积度量下的修正集聚碎化指数[①]为0.8706，到2018年该指数增长至0.8907，整体呈现了增长的态势，表明长三角城市群进一步发挥其扩散作用，城市群的空间结构呈现了扁平化态势。同理，2007年长三角城市群人口、经济与区域面积度量下的修正集聚碎化指数为0.1906，到2018年该指数增长至0.1931，呈现了增长的态势，也表明长三角城市群在持续发挥其扩散作用，城市群的空间结构呈现了扁平化态势（见表4-2-5）。总而言之，长三角城市群进一步发挥其扩散作用，长三角城市群的空间结构呈现了扁平化发展态势。

表4-2-5 2007—2018年三大城市群空间结构变动[②]

年份	长三角城市群 集聚碎化指数1	长三角城市群 集聚碎化指数2	京津冀城市群 集聚碎化指数1	京津冀城市群 集聚碎化指数2	珠三角城市群 集聚碎化指数1	珠三角城市群 集聚碎化指数2
2007	0.8706	0.1906	0.8474	0.2528	0.7427	0.1718
2008	0.8719	0.1901	0.8535	0.2537	0.7466	0.1725
2009	0.8739	0.1913	0.8442	0.2527	0.7501	0.1735
2010	0.8774	0.1933	0.8443	0.2533	0.7532	0.1743
2011	0.8824	0.1921	0.7665	0.2157	0.7510	0.1742
2012	0.8855	0.1923	0.8396	0.2533	0.7522	0.1747
2013	0.8856	0.1896	0.8390	0.2467	0.7519	0.1705
2014	0.8874	0.1928	0.8301	0.2520	0.7533	0.1750
2015	0.8876	0.1925	0.8286	0.2520	0.7495	0.1744
2016	0.8896	0.1927	0.8262	0.2524	0.7492	0.1746
2017	0.8889	0.1925	0.8299	0.2552	0.7407	0.1724
2018	0.8907	0.1931	0.8229	0.2510	0.7396	0.1731

资料来源：笔者根据资料整理。参见国家统计局，2020. 中国城市统计年鉴2019 [M]. 北京：中国统计出版社.

---

① 城市群经济与区域面积度量下的修正集聚碎化指数指集聚碎化指数1，城市群人口、经济与区域面积度量下的修正集聚碎化指数指集聚碎化指数2，下同，不再出注。

② 计算方法如下：$y_1 = \frac{\text{单个城市GDP}}{\text{城市群总GDP}} \times \frac{\text{单个城市区域面积}}{\text{城市群总面积}}, NI_1 = \sum_i^n \sqrt{y_1}$；$y_2 = \frac{\text{单个城市常住人口}}{\text{城市群总常住人口}} \times \frac{\text{单个城市GDP}}{\text{城市群总GDP}} \times \frac{\text{单个城市区域面积}}{\text{城市群总面积}}, NI_2 = \sum_i^n \sqrt{y_2}$。

其次，2007年京津冀城市群经济与区域面积度量下的修正集聚碎化指数为0.8474，到2018年该指数减少至0.8229，整体呈现下滑的态势，表明京津冀城市群的集聚作用得到了发挥，城市群的空间结构呈现了集聚态势。同理，2007年京津冀城市群人口、经济与区域面积度量下的修正集聚碎化指数为0.2528，到2018年该指数减少至0.2510，呈现了下滑的态势，也表明京津冀城市群在进一步发挥其集聚作用，城市群的空间结构呈现了集聚态势。总而言之，京津冀城市群的集聚作用较强，京津冀城市群的空间结构呈现了集聚化发展态势。

最后，2007年珠三角城市群经济与区域面积度量下的修正集聚碎化指数为0.7427，到2014年该指数增长至最高0.7533，后下滑至2018年的0.7396，呈现了先增长后下滑的态势，表明珠三角城市群的扩散作用和集聚作用均得到了发挥，城市群的空间结构在集聚力与扩散力的作用下发生变化。同理，2007年珠三角城市群人口、经济与区域面积度量下的修正集聚碎化指数为0.1718，到2014年该指数增长至最高0.1750，后下滑至2018年的0.1731，呈现了先增长后下滑的态势，表明珠三角城市群的扩散作用和集聚作用均得到了发挥，城市群的空间结构在集聚力与扩散力的作用下发生变化。总而言之，珠三角城市群的扩散作用与集聚作用呈胶着状态，珠三角城市群的空间结构变化十分显著。

综上所述，在长三角城市群、京津冀城市群、珠三角城市群的人口进一步集聚的同时，其经济集聚也出现了分化；城市群内部各城市之间的经济联系得到进一步加强的同时，也存在十分显著的差异，这也使得城市群空间结构的演化差异十分显著，具体表现如下：第一，长三角城市群的中心城市与副中心城市、副中心城市与外围城市之间的大中小城市错落发展的格局进一步优化；长三角城市群持续发挥其扩散作用，城市群的空间结构呈现扁平化发展态势。第二，京津冀城市群各级城市之间主要是与北京市和天津市的经济联系较好，低层级城市之间的经济联系较缺乏；京津冀城市群的集聚作用较强，城市群的空间结构呈现了集聚化发展态势。第三，珠三角城市群各级城市之间的经济联系较好，珠三角城市群的扩散作用与集聚作用呈胶着状态，珠三角城市群的空间结构变化显著。

第 5 章 城市群空间结构的影响因素

现有研究多将经济及产业因素、交通基础设施因素、人口及就业因素、政府财政等因素归纳为城市群空间结构变动的影响因素。

第一，经济及产业因素。孙铁山、王兰兰和李国平（2012）利用 2004—2008 年北京市经济普查资料，构建了 Prob 模型，探讨了服务业占比情况是北京市市区多中心空间结构的重要影响因素。白永亮和党彦龙（2014）通过运用经济引力模型来测度长江中游城市群集聚机理并揭示其空间结构，他认为城市间的集聚效应、经济质量、经济距离和经济引力是长江中游城市群演变的重要因素。黄妍妮、高波、魏守华（2016）选取 2007—2014 年长江三角洲城市群、珠江三角洲城市群、京津冀城市群、辽中南城市群、山东半岛城市群、中原城市群、关中城市群、长江中游城市群、成渝城市群、海峡西岸城市群等十大城市群的面板数据，构建了帕累托指数、Mono 指数和首位度三个指标；他们认为东部地区的长三角、珠三角、京津冀、海峡西岸和辽中南城市群遵循位序－规模型分布特征，即近似服从 Zipf 法则。中部地区中原城市群由弱多中心结构向弱单中心结构演变，长江中游城市群呈弱多中心结构，西部地区城市群则表现为典型的单中心结构特征。孙斌栋、华杰媛、李琬等（2018）以长三角、珠三角、京津唐、辽中南、山东半岛、闽东南、成渝、中原、关中、哈大齐、长吉、武汉和长株潭共十三大城市群为研究样本，利用其 1990—2010 年面板数据，构建面板模型，并使用规模－位序法则测量城市群的形态单中心－多中心程度，探究城市群的空间结构演化趋势和影响因素后发现自 1980 年以来大多数城市群的空间结构呈现多中心化趋势；人均 GDP 水平的提高和人口规模的增加是导致城市群空间结构多中心化的主要原因。孙斌栋、金晓溪、林杰（2019）以中国十三大城市群为例，利用 2000—2012 年面板数据，构建面板模型，实证分析发现城市群空间结构的多中心程度随经济发展水平的提高表现为先单中心后多中心的演变过程；城市群规模的增大和城市间的联系加强促进了城市群向多中心方向演化。

第二，交通基础设施因素。邓元慧（2015）以长三角、珠三角、京津唐、辽中南、山东半岛、闽东南、成渝、中原、关中、哈大齐、长吉、武汉和长株潭等十三大城市群为研究样本，利用2000—2012年面板数据，建立固定效应面板回归模型，分析后认为交通基础设施网络对城市群空间结构形成和演化影响最为显著。

第三，人口及就业因素。樊少云（2018）以京津冀城市群为例，通过构建面板模型，剖析了人口居住情况及劳动力就业情况对京津冀城市群空间结构演变的影响。华杰媛（2017）以中国十三大城市群为研究对象，采用规模位序法度量城市群基于形态学的单中心－多中心空间结构，运用面板数据模型实证研究城市群空间结构演化特征、影响因素；他认为经济发展水平与人口规模的提高是影响城市群空间结构朝向多中心发展的主要原因。

第四，政府财政因素。一方面，赵璟、党兴华、王修来（2009）利用面板固定效应模型实证分析认为中国西部地区财政支出因素对城市群空间结构演变存在显著负向作用。另一方面，赵志成（2014）对中部城市群的研究却发现，政府财政支出的扩大会促进城市群空间结构的多中心化。

综上所述，在现有关于城市群空间结构影响因素的研究中，多将经济产业因素、交通基础设施因素、人口及就业因素、政府财政等因素作为城市群空间结构变动的主要原因。现有研究尚未涉及城市群功能分工对城市群空间结构影响的研究，这成为相关领域的研究空白。

5.1 经验事实、理论分析与相关假说

5.1.1 经验事实

2007年，长三角城市群的集聚碎化指数[①]为4.52（如图5-1-1所示），到2018年逐步上升至4.62，呈现缓慢上涨态势；而2007年，长三角城市群功能分工指数为1.20，到2018年逐步上升至1.64，也呈现缓慢上涨态势；两者之间视乎呈微弱正相关关系。

[①] 集聚碎化指数及城市群功能分工指数的详细计算请参看下面章节中"变量选取"部分的相关描述。

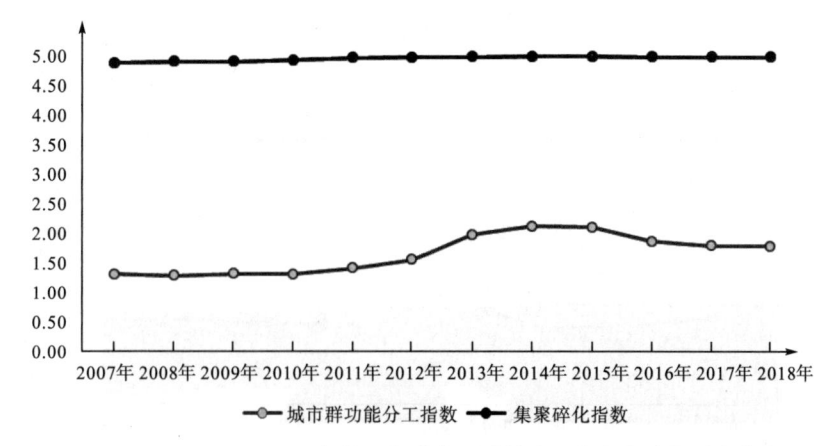

图 5-1-1　2007—2018 年长三角城市群功能分工指数与集聚碎化指数

资料来源：笔者根据资料整理。参见国家统计局，2020. 中国城市统计年鉴 2019 [M]. 北京：中国统计出版社.

2007 年，京津冀城市群的集聚碎化指数为 3.23，到 2018 年逐步下降至 3.16，呈缓慢下降态势；而 2007 年，京津冀城市群功能分工指数为 3.97，之后先上升至 2010 年的 4.56，转而下降至 2011 年的 3.85，之后逐步上升到 2018 年的 4.98，两者之间关系并不明朗（如图 5-1-2 所示）。

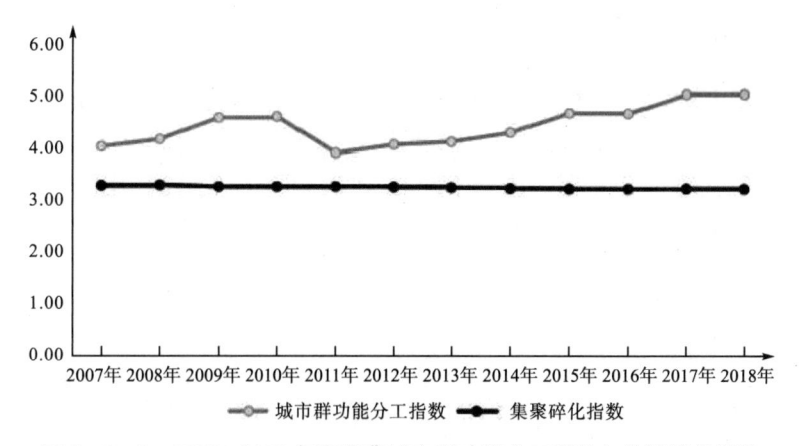

图 5-1-2　2007—2018 年京津冀城市群功能分工指数与集聚碎化指数

资料来源：笔者根据资料整理。参见国家统计局，2020. 中国城市统计年鉴 2019 [M]. 北京：中国统计出版社.

2007 年，珠三角城市群的集聚碎化指数为 3.97，到 2018 年逐步下降至 3.95，呈缓慢下降态势；而 2007 年，珠三角城市群功能分工指数为 1.28，到 2018 年下降至 1.24，呈总体下降态势；两者之间呈正相关关系（如图 5-1-3

所示)。

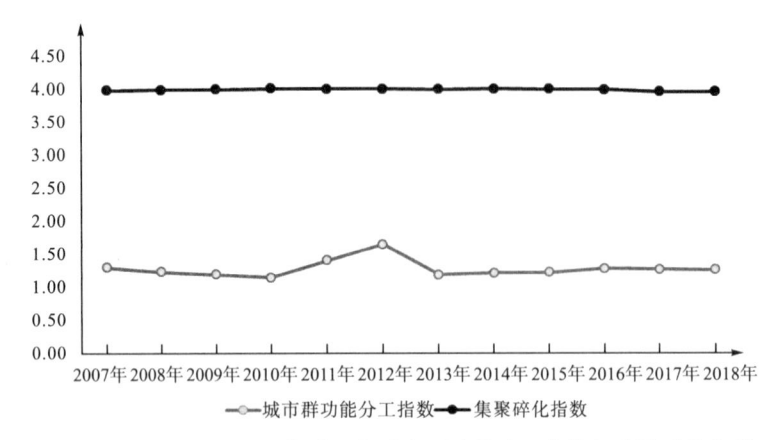

图 5-1-3 2007—2018 年珠三角城市群功能分工指数与集聚碎化指数

资料来源：笔者根据资料整理。参见国家统计局，2020. 中国城市统计年鉴 2019 [M]. 北京：中国统计出版社.

2007 年，成渝城市群的集聚碎化指数为 3.52，到 2018 年逐步下降至 3.38，呈缓慢下降态势；而 2007 年，成渝城市群功能分工指数为 0.86，到 2018 年逐步上升至 2.45，呈显著上升态势：两者之间呈负相关关系（如图 5-1-4 所示）。

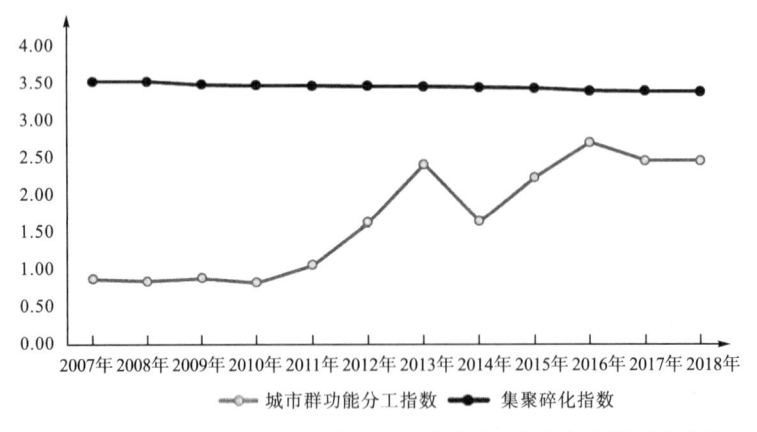

图 5-1-4 2007—2018 年成渝城市群功能分工指数与集聚碎化指数

资料来源：笔者根据资料整理。参见国家统计局，2020. 中国城市统计年鉴 2019 [M]. 北京：中国统计出版社.

2007 年，长江中游城市群的集聚碎化指数为 4.96，到 2018 年逐步下降至 4.90，呈缓慢下降态势；而 2007 年，长江中游城市群功能分工指数为 0.78，到 2018 年逐步上升至 1.03，呈缓慢上升态势：二者之间呈负相关关系（如图

5-1-5所示)。

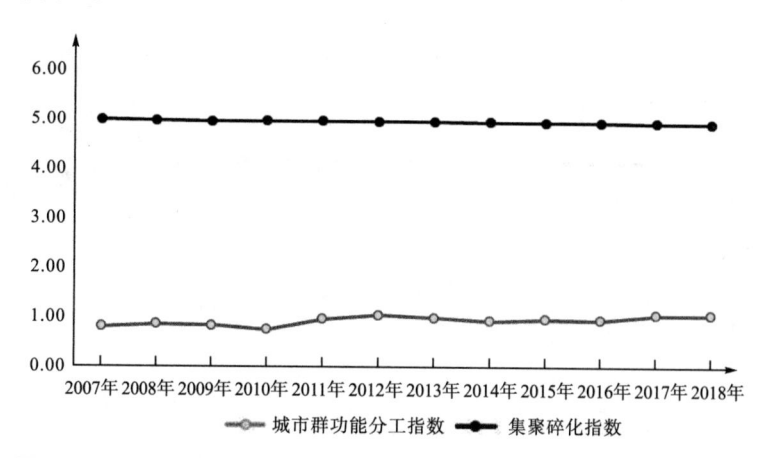

图 5-1-5 2007—2018 年长江中游城市群功能分工指数与集聚碎化指数

资料来源：笔者根据资料整理。参见国家统计局，2020. 中国城市统计年鉴 2019 [M]. 北京：中国统计出版社.

2007年，哈长城市群的集聚碎化指数为2.94，到2018年逐步下降至2.68，呈缓慢下降态势；而2007年，哈长城市群功能分工指数为0.69，到2018年逐步上升至1.32，呈显著上升态势；两者之间呈负相关关系（如图5-1-6所示)。

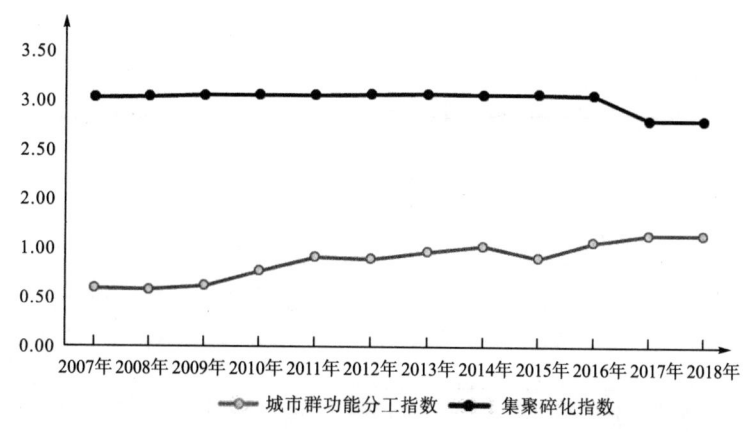

图 5-1-6 2007—2018 年哈长城市群功能分工指数与集聚碎化指数

资料来源：笔者根据资料整理。参见国家统计局，2020. 中国城市统计年鉴 2019 [M]. 北京：中国统计出版社.

2007年，辽中南城市群的集聚碎化指数为2.88，到2018年逐步下降至2.70，呈现缓慢下降态势；而2007年，辽中南城市群功能分工指数为1.22，到 2018 年逐步下降至 1.11，呈缓慢下降态势；两者之间呈正相关关系（如图 5-1-7 所示）。

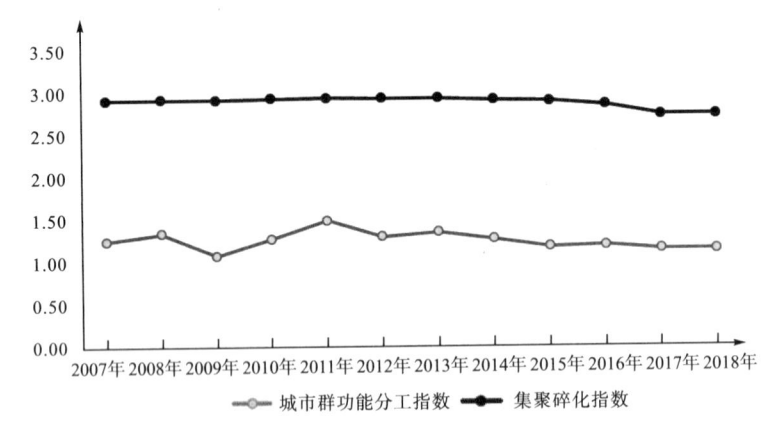

图 5-1-7　2007—2018 年辽中南城市群功能分工指数与集聚碎化指数

资料来源：笔者根据资料整理。参见国家统计局，2020. 中国城市统计年鉴 2019 [M]. 北京：中国统计出版社.

2007 年，山东半岛城市群的集聚碎化指数为 2.75，到 2018 年逐步下降至 2.69，呈现缓慢下降态势；而 2007 年，山东半岛城市群功能分工指数为 0.57，到 2018 年逐步上升至 0.88，呈缓慢上升态势；两者之间呈负相关关系（如图 5-1-8 所示）。

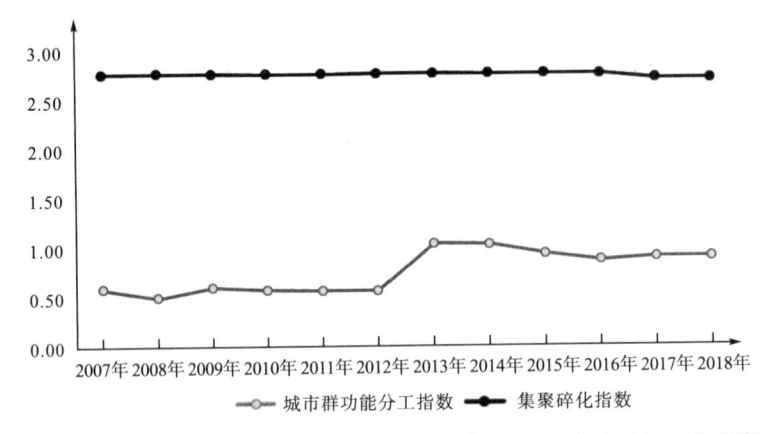

图 5-1-8　2007—2018 年山东半岛城市群功能分工指数与集聚碎化指数

资料来源：笔者根据资料整理。参见国家统计局，2020. 中国城市统计年鉴 2019 [M]. 北京：中国统计出版社.

2007 年，中原城市群的集聚碎化指数为 2.72，到 2018 年下降至 2.55，呈缓慢下降态势；而2007年，中原城市群功能分工指数为0.81，到2018年逐步下降至0.72，呈缓慢下降态势：两者之间呈正相关关系（如图5-1-9所示）。

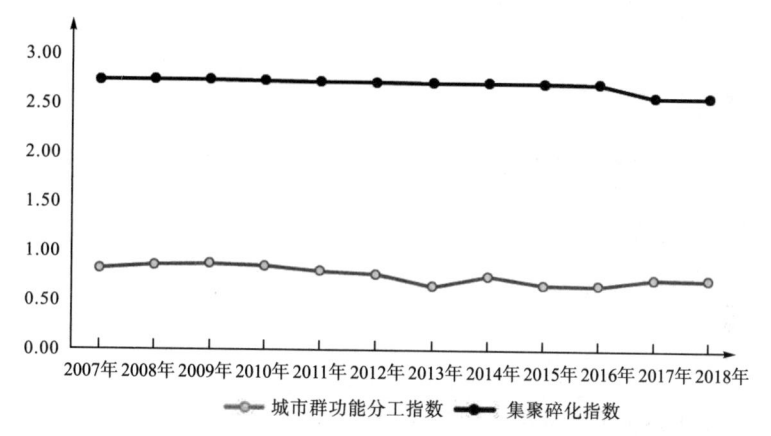

图5-1-9　2007—2018年中原城市群功能分工指数与集聚碎化指数

资料来源：笔者根据资料整理。参见国家统计局，2020．中国城市统计年鉴2019［M］．北京：中国统计出版社．

2007年，海峡西岸城市群的集聚碎化指数为4.22，到2018年逐步下降至4.07，呈缓慢下降态势；而2007年，海峡西岸城市群功能分工指数为0.57，到2018年逐步上升至1.01，呈缓慢上涨态势：两者之间呈负相关关系（如图5-1-10所示）。

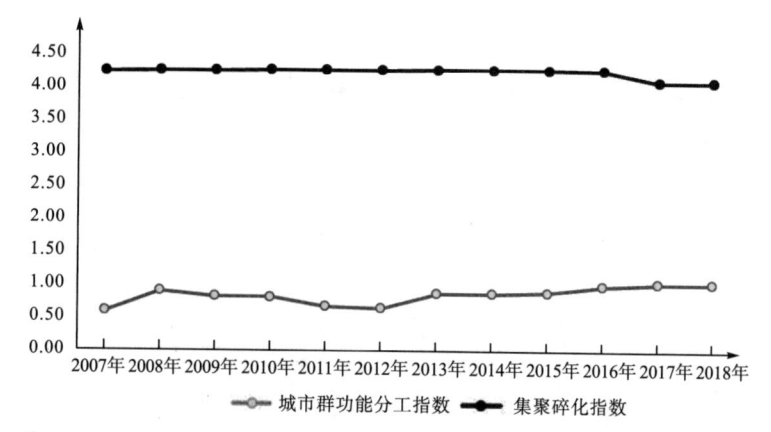

图5-1-10　2007—2018年海峡西岸城市群功能分工指数与集聚碎化指数

资料来源：笔者根据资料整理。参见国家统计局，2020．中国城市统计年鉴2019［M］．北京：中国统计出版社．

2007年，呼包鄂榆城市群的集聚碎化指数为1.98，到2018年逐步下降至1.92，呈缓慢下降态势；而2007年，呼包鄂榆城市群功能分工指数为0.87，到2018年逐步上升至1.08，呈缓慢上涨态势：二者之间呈负相关关系（如图5—1—11所示）。

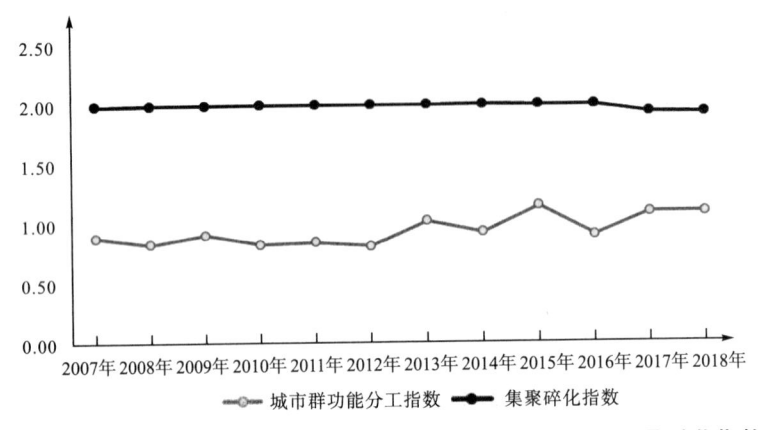

图5—1—11　2007—2018年呼包鄂榆城市群功能分工指数与集聚碎化指数

资料来源：笔者根据资料整理。参见国家统计局，2020. 中国城市统计年鉴2019［M］. 北京：中国统计出版社.

2007年，太原城市群的集聚碎化指数为2.13，到2018年逐步下降至1.79，呈缓慢下降态势；而2007年，太原城市群功能分工指数为0.73，到2018年逐步上升至0.89，呈缓慢上涨态势：二者之间呈负相关关系（如图5—1—12所示）。

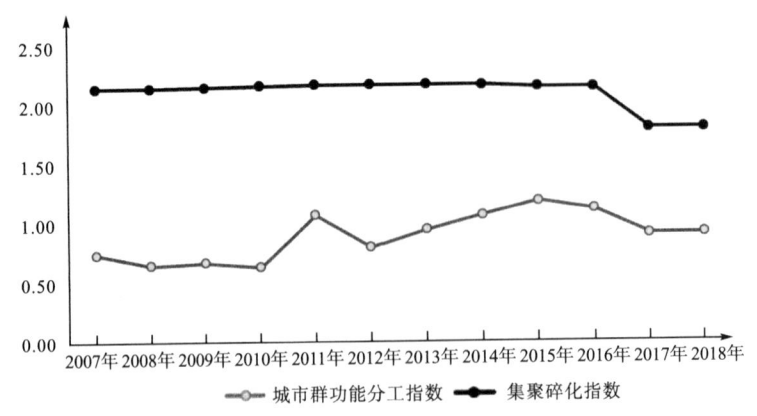

图5—1—12　2007—2018年太原城市群功能分工指数与集聚碎化指数

资料来源：笔者根据资料整理。参见国家统计局，2020. 中国城市统计年鉴2019［M］. 北京：中国统计出版社.

2007 年，关中城市群的集聚碎化指数为 2.21，到 2018 年逐步下降至 1.95，呈缓慢下降态势；而 2007 年，关中城市群功能分工指数为 0.50，到 2018 年逐步上升至 1.09，呈显著上涨态势：二者之间呈负相关关系（如图 5-1-13 所示）。

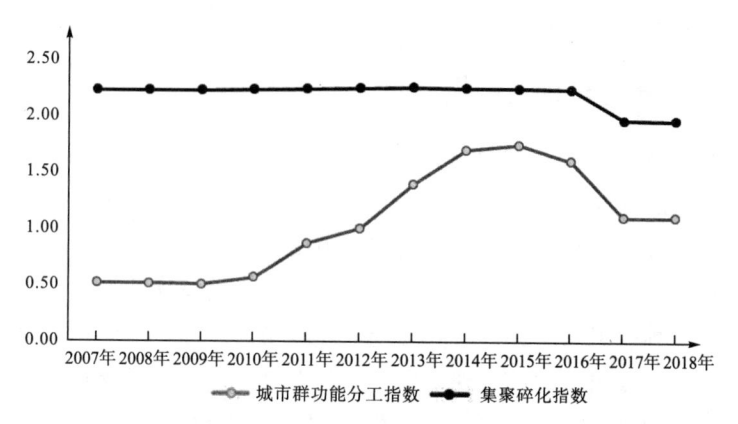

图 5-1-13　2007—2018 年关中城市群功能分工指数与集聚碎化指数

资料来源：笔者根据资料整理。参见国家统计局，2020. 中国城市统计年鉴 2019 [M]. 北京：中国统计出版社.

2007 年，宁夏沿黄城市群的集聚碎化指数为 1.92，到 2018 年逐步下降至 1.85，呈现缓慢下降态势；而 2007 年，宁夏沿黄城市群功能分工指数为 0.95，到 2018 年上升至 1.33，整体呈上涨态势：忽视掉异常值后（平滑处理），二者之间呈负相关关系（如图 5-1-14 所示）。

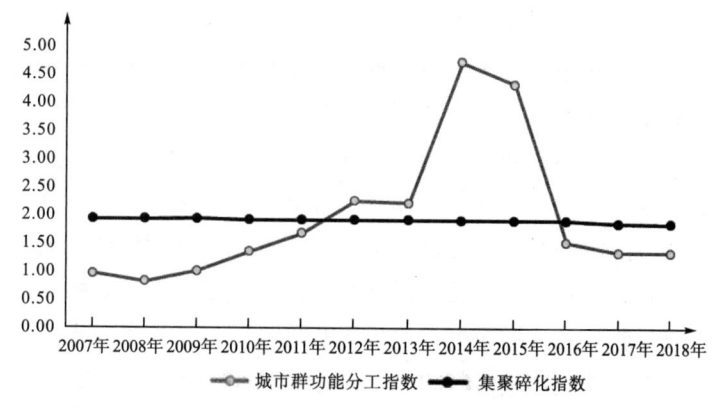

图 5-1-14　2007—2018 年宁夏城市群功能分工指数与集聚碎化指数

资料来源：笔者根据资料整理。参见国家统计局，2020. 中国城市统计年鉴 2019 [M]. 北京：中国统计出版社.

从以上的分析，可以看出长江中游、中原城市群功能分工指数与集聚碎化指数之间呈一定的正相关关系，而成渝、长江中游城市群功能分工指数与集聚碎化指数之间呈一定的负相关关系，其他城市群的关系则不太明显。这也反映出城市群功能分工与城市群空间结构变动似乎有更为复杂的关系。这一关系有待进行深入研究。

5.1.2 理论分析与相关假说

朱彦刚、贺灿飞、刘作丽（2010），贺灿飞、肖晓俊（2011）和贺灿飞、肖晓俊、邹沛思（2012）从跨国公司微观区位选择的视角入手，研究发现跨国公司的相同功能和互补功能向同一类型城市集聚，功能空间布局与城市规模等级体系相对应，中国城市群的核心城市和外围城市均呈功能专业化不断增强的特征。赵勇、魏后凯（2015）研究发现，在城市群层面，空间功能分工与地区经济差距之间呈现出倒"U"型关系。城市功能分工或产业专业化主要受产业内部空间转移的推动（Brunelle，2013）；城市功能分工使得城市群内城市间的联系频繁化、复杂化（Fresca & Veiga，2011），最大限度地发挥了产业集聚效应，促进了区域内各城市产业与经济的快速发展（毕玉凯，2018）。当城市群中心城市与外围城市的产业联系增强时，城市群的发展形成合力，互利共赢；反之，将形成"大都市阴影区"，区域发展差异扩大（孙东琪，张京祥，胡毅，等，2013）。城市群功能分工作用于城市群发展过程中的集聚力与扩散力会对城市群空间结构产生影响。笔者提出了待检验的理论假说：城市群功能分工对城市群空间结构的变动并无显著影响。

在集聚力与扩散力的综合较量下，城市之间的联系或密或疏，形成了不同的城市群空间结构状态：当集聚力占据主导地位的时候，人口、信息等要素资源则在单一节点集聚；当扩散力占据主导地位的时候，中心城市反哺外围城市的发展，单中心结构则转向了多中心结构，实现了集聚、集聚扩散、扩散集聚、再集聚的城市空间经济结构的演化（李国平，孙铁山，2013）。在不同的集聚力与扩散力的共同作用下，城市群形成了不同的空间结构，人口、信息等要素资源在核心城市集聚或由核心城市扩散到外围城市。不同的城市群处于不同的发育阶段，较成熟的城市群经济发展程度高，经济体量也大，城市间的协调关系更充分。基于此，笔者提出了另一个有待检验的理论假说：不同经济集聚程度下的城市群，其城市群功能分工对城市群空间结构的影响不一致，存在"门限效应"。

为了对上述两个理论假说进行检验，先要进行混合普通最小二乘法的回归估计以及固定效应、随机效应的面板模型估计,初步检验城市群功能分工对城市群空间结构的影响;在此基础上,建立动态面板门限模型,检验城市群功能分工对城市群空间结构的门限效应。

5.2 功能分工、经济集聚对空间结构的影响

5.2.1 计量模型设定与数据来源

基于前述分析,经济发展因素,居民收入因素,人口因素,产业结构及产业分工因素,政府支出等财政因素,道路、公共交通、医疗卫生等公共基础设施建设因素均是城市群空间结构变动的重要因素。面板数据提供了个体的动态行为信息,其兼具横截面和时间两个维度,可以解决横截面数据和面板数据单独不能解决的问题。具体而言,第一,每个城市群的发展具有其各自特点,即异质性,不可观察的个体差异或"异质性"很有可能造成遗漏变量问题,从而导致估计偏误;此时,利用面板数据能够很好地解决个体异质性中不随时间变化的那部分偏误问题。第二,城市群空间结构具有很强的时间惯性,所以笔者在研究城市群空间结构变动因素时不得不考虑其时滞性,不得不将其影响进行剥离,以免其他因素对其产生的影响导致估计偏误。所以,笔者建立动态面板模型考察分析城市群空间结构的影响因素,具体模型建立如下:

$$SS_{it} = \mu_i + \beta SS_{it-1} + \alpha_1 \ln GDP_{it} + \alpha_2 Function_{it} + \alpha_3 X_{it} + \varepsilon_{it}$$

其中,i 代表不同的国家,t 为不同的时间;μ_i 为个体固定效应,ε_{it} 为随机扰动项;X_{it} 为一系列控制变量,包括人口、宽带用户数、职工平均工资、城市公交数量、政府支出、医院床位数以及城市拥有道路面积等。基于此,上述动态面板模型可进一步改写为:

$$SS_{it} = \mu_i + \beta SS_{it-1} + \alpha_1 \ln GDP_{it} + \alpha_2 Function_{it} + \alpha_3 \ln Popu_{it} + \alpha_4 \ln Net_{it}$$
$$+ \alpha_5 \ln Wage_{it} + \alpha_6 \ln Bus_{it} + \alpha_7 \ln Fs_{it} + \alpha_8 \ln Hos_{it} + \alpha_9 \ln Road_{it} + \varepsilon_{it}$$

当然,面板模型还需对混合回归、固定效应模型或随机效应模型进行选择,此部分内容在实证结果与分析中进行详细描述。

由理论分析可知,城市群功能分工对城市群空间结构的影响可能存在门限效应:中国的十九大城市群具有不同的成熟度,具有不同的体量;城市群发展之初,集聚效应显著,经济集聚主要发生在城市群的核心城市,同时,产业分工也多发生在核心城市;随着城市群不断发育,扩散效应显著,城市群经济协调发展、共同促进,同时,产业分工也广泛地发生在城市群各城市

之间；这就使得经济发展程度高的城市群与经济发展程度低的城市群，在城市群功能分工对城市群空间结构的影响上存在显著差异。为了检验城市群功能分工对城市群空间结构影响的门限效应，笔者进一步建立了面板门限回归模型：

$$SS_{it} = \begin{cases} \mu_i + \alpha X_{it} + \beta Function_{it} + \gamma SS_{it-1} + \varepsilon_{it}, & Q_{it} < \eta_1 \\ \mu_i + \alpha X_{it} + \beta Function_{it} + \gamma SS_{it-1} + \varepsilon_{it}, & Q_{it} \geq \eta_1 \end{cases}$$

其中，μ_i 为个体固定效应，ε_{it} 为随机扰动项；X_{it} 为一组控制变量，$Function_{it}$ 为核心解释变量；Q_{it} 为门限变量，在本书中以反映城市群经济发展程度的国内生产总值来衡量；且该模型为单门限模型，多重模型设定类似，在此不再赘述，但后面章节需对实际模型中的门限个数进行检验。

门限模型依赖于面板数据固定效应模型，在使用面板门限模型进行参数估计之前需要对线形面板模型进行设定检验；为了探讨城市群功能分工对城市群空间结构的影响关系，笔者要先建立面板数据固定效应模型：如果检验显示面板随机效应模型更合理，则使用面板门限模型的有效性将大大降低；如果检验显示面板固定效应模型更合理，则使用面板门限模型有了可靠依据。前述动态面板模型检验结果若为使用固定效应模型更合适时，才有建立动态面板门限模型的必要。

5.2.1.1 样本选择

自改革开放以来，中国经济快速发展的同时，城镇化也飞速进步，逐步形成了长三角、京津冀、珠三角、成渝、长江中游、哈长、辽中南、山东半岛、中原、海峡西岸、呼包鄂榆、太原、关中、宁夏沿黄、兰西、天山北坡、黔中、滇中、北部湾等具有发育成熟差异的十九大城市群。

依据中华人民共和国国家发展和改革委员会于 2016 年颁布的《长江三角洲城市群发展规划》，选取了二十六个城市作为长三角城市群的地理范围。京津冀城市群则包含一省两市，珠三角城市群则包含二十一个城市。

成渝城市群以《国务院关于成渝城市群发展规划的批复》为基础，考虑到数据的可得性，主要考虑成都市、自贡市、泸州市、德阳市、绵阳市、遂宁市、内江市、乐山市、南充市、眉山市、宜宾市、广安市、达州市、雅安市、资阳市、重庆市等十六个城市的地级市数据。

长江中游城市群以《长江中游城市群发展规划》为基础；考虑到数据可得性，无法将仙桃市、潜江市、天门市纳入，也无法剥离吉安市部分区县，遂主要考虑武汉市、黄石市、鄂州市、黄冈市、孝感市、咸宁市、襄阳市、宜昌市、荆州市、荆门市、长沙市、株洲市、湘潭市、岳阳市、益阳市、常德市、衡阳市、娄底市、南昌市、九江市、新余市、宜春市、萍乡市、景德镇市、鹰潭市、上饶市、抚州市及吉安市等二十八个地级市。

依据《国务院关于哈长城市群发展规划的批复》，黑龙江省哈尔滨市、大庆市、齐齐哈尔市、绥化市、牡丹江市，吉林省长春市、吉林市、四平市、辽源市、松原市、延边朝鲜族自治州等为哈长城市群行政边界。考虑到数据可得性，延边朝鲜族自治州并无相关数据披露，遂将其剔除。

辽中南城市群包括沈阳市、大连市、鞍山市、本溪市、营口市、辽阳市、铁岭市、抚顺市、丹东市、盘锦市等十个城市。

山东半岛城市群以《山东省人民政府关于山东半岛城市群发展规划（2016—2030年）的批复》为基础，主要包括济南市、青岛市、潍坊市、烟台市、淄博市、威海市、日照市、东营市等八个城市。

中原城市群规划范围包括郑州市、洛阳市、许昌市、平顶山市、新乡市、开封市、焦作市、漯河市、济源市等九个城市。考虑到济源市为县级市，无相关数据披露，遂将其剔除。

海峡西岸城市群包含福州市、厦门市、泉州市、莆田市、漳州市、三明市、南平市、宁德市、龙岩市，汕头市、潮州市、揭阳市、梅州市、温州市、丽水市、衢州市、上饶市、鹰潭市、抚州市、赣州市等二十个地级市。

呼包鄂榆城市群包括内蒙古自治区呼和浩特市、包头市、鄂尔多斯市和陕西省榆林市。

太原城市群主要包括太原市、阳泉市、晋中市、忻州市、吕梁市等五个地级市。

关中城市群包括西安市、咸阳市、宝鸡市、渭南市、商洛市、铜川市等六个城市。

宁夏沿黄城市群考虑到平罗、青铜峡、灵武、贺兰、永宁、中宁等地区行政区划有所变更，分别划入石嘴山市、银川市、中卫市，故主要考虑银川市、石嘴山市、吴忠市、中卫市等四个地级市。

另因考虑到兰西城市群、天山北坡城市群、黔中城市群、滇中城市群、北部湾城市群等五大城市群有许多相关变量数据缺失，故不在考虑将其纳入本书作为研究样本。以上十四大城市群为本书的研究样本。

5.2.1.2 变量选取

本书的数据主要来源于2008年至2019年各《中国城市统计年鉴》。具体而言，包含以下变量：

（1）被解释变量。

城市群空间结构（SS），采用史雅娟、朱永彬、冯德显等（2012）的研究方法，构建集聚－碎化指数：

$$y_i = \frac{x_i}{\sum_{i=1}^{n} x_i}$$

$$I = \sum_{i=1}^{n} \sqrt{y_i}$$

其中，x_i 为区域 i 的某一指标；y_i 为该指标的区域 i 的占比情况；I 为碎化指数；$I \in [1, n]$，当 $y_i = 1$ 时，I 值最小，区域高度集中；当 $y_1 = y_2 = \cdots = y_n$ 时，I 值最大，区域绝对均匀。

（2）核心解释变量。

经济集聚采用第二、三产业国内生产总值与行政区域面积的比值作为城市群经济集聚及经济体量的衡量指标。

城市群功能分工指标（$Function$），采用 Duranton & Puga（2005），赵勇、魏后凯（2015）的方法，使用城市功能专业化指标作为其衡量变量，具体计算公式如下：

$$Function_i(t) = \frac{\dfrac{\sum_{k=1}^{N} L_{ikm}(t)}{\sum_{k=1}^{N} L_{ikp}(t)}}{\dfrac{\sum_{k=1}^{N}\sum_{i=1}^{M} L_{ikm}(t)}{\sum_{k=1}^{N}\sum_{i=1}^{M} L_{ikp}(t)}}$$

其中，i 代表县或市辖区等地区，$i = 1, 2, 3, \cdots, M$；k 代表产业，$k = 1, 2, 3, \cdots, N$；m 代表生产性服务业的从业人员；p 代表生产性制造业的从业人员。

$Function_i(t)$ 为地区 i 时间 t 时的城市群功能分工指标。若 $Function_i > 1$，则表示该城市群内生产性服务业在该地区相对集中，表明该地区城市功能专业化程度较高；若 $Function_i < 1$，则表示该城市群内生产性制造业在该地区相对集中，表明该地区城市功能专业化程度较低。

值得注意的是：也有学者如苏红键、赵坚（2011），赵勇、白永秀（2012）只将租赁和商务服务业纳入生产性服务业；将采矿业，制造业，电力、燃气及水的生产和供应业纳入生产性制造业。这使计算得到的城市群功能分工指标存在差异，故笔者将此种方法计算的指标纳入稳健性分析。

（3）控制变量。

依据前面章节的文献分析，本书主要选取以下控制变量，包括人口规模、家庭宽带、城市公交、平均工资、财政支出、医院床位数、道路面积等。

需要注意的是，为了消除量纲及异方差性给建模带来的困扰，笔者对各控制变量均采取了取自然对数的处理办法。相关变量的描述性统计分析（见表5-2-1）。

表5-2-1 变量的描述性统计分析

变量	方式	均值	标准差	最小值	最大值	观测量
空间结构（指数）	综合	3.13	0.95	1.79	4.96	$N=154$
	组间		0.98	1.90	4.93	$n=14$
	组内		0.05	2.81	3.20	$T=11$
人口规模（万人）	综合	6112.59	4225.31	459.06	13089.00	$N=154$
	组间		4365.96	502.32	12786.85	$n=14$
	组内		193.66	5542.33	6726.03	$T=11$
家庭宽带（万户）	综合	1158.91	1188.49	24.15	7005.85	$N=154$
	组间		1047.71	64.63	3875.67	$n=14$
	组内		621.75	-583.57	4289.09	$T=11$
平均工资（元）	综合	537359.30	407191.80	96975.60	2041912.00	$N=154$
	组间		356114.10	179818.20	1328971.00	$n=14$
	组内		217432.00	-62233.62	1250300.00	$T=11$
城市公交（辆）	综合	23340.55	20168.31	1372.00	79467.00	$N=154$
	组间		19805.66	2485.36	62952.27	$n=14$
	组内		6335.19	-4091.09	44098.31	$T=11$
财政支出（万元）	综合	$4.54×10^7$	$4.58×10^7$	1270330	$2.37×10^8$	$N=154$
	组间		$3.90×10^7$	4628582	$1.41×10^8$	$n=14$
	组内		$2.59×10^7$	$-3.74×10^7$	$1.42×10^8$	$T=11$
医院床位（张）	综合	250231.40	178787.40	16331.00	767055.00	$N=154$
	组间		171595.40	22841.82	592883.30	$n=14$
	组内		66666.82	68476.87	450737.60	$T=11$

续表5-2-1

变量	方式	均值	标准差	最小值	最大值	观测量
道路面积（万平方米）	综合	26275.14	21233.98	2319.00	105945.00	$N=154$
	组间		20769.50	3674.27	80871.00	$n=14$
	组内		6906.79	1841.14	51349.14	$T=11$
功能分工（指数）	综合	1.04	0.47	0.45	3.01	$N=154$
	组间		0.45	0.55	2.39	$n=14$
	组内		0.17	0.55	1.93	$T=11$
经济集聚（十万元）	综合	3.16×10^8	3.07×10^8	8063990	1.65×10^9	$N=154$
	组间		2.83×10^8	1.89×10^7	1.06×10^9	$n=14$
	组内		1.39×10^8	-2.05×10^8	9.10×10^8	$T=11$
人均产值（元）	综合	51732.03	27843.76	12693.72	141473.20	$N=154$
	组间		22729.51	29733.53	100974.00	$n=14$
	组内		17100.03	-4354.13	94684.18	$T=11$

5.2.2 实证结果分析与稳健性检验

5.2.2.1 实证结果分析

（1）单位根检验及协整检验。

为了避免伪回归问题，在对模型进行估计之前，笔者需要对变量进行单位根检验与协整检验。由各变量的单位根检验结果可知，各变量在原序列上均不平稳；但在5.00%的显著性水平下，各变量均在二阶差分后平稳（见表5-2-2）。

表5-2-2 单位根检验结果

变量	原序列		二阶差分序列	
	PP	ADF	PP	ADF
空间结构	5.2026	6.8815	32.9345***	49.8610***
人口规模（对数）	7.9612	5.4406	46.8064***	185.4644***
家庭宽带（对数）	1.3873	0.3163	45.2698***	172.096***
平均工资（对数）	0.9949	0.0073	62.0495***	139.243***
城市公交（对数）	3.5917	1.0105	44.0502**	173.751***
财政支出（对数）	4.6144	0.0979	46.7864**	145.307***

续表5-2-2

变量	原序列		二阶差分序列	
	PP	ADF	PP	ADF
医院床位（对数）	15.8704	0.4174	76.8623***	84.5117***
道路面积（对数）	0.5919	0.8857	50.4944***	194.773***
功能分工	15.4311	9.7267	39.4736***	153.640***
经济集聚（对数）	24.3265	3.1966	54.1297**	41.4082**

注：*** $p<0.01$，** $p<0.05$，* $p<0.10$。PP代表Philips & Perron检验，ADF代表调整的Dickey-Fuller检验。

由于各序列都是同阶单整序列，即满足进行协整检验的前提条件，因此，笔者采用Fisher方法进行协整检验。根据Fisher协整检验方法，可得在迹检验方法与最大特征根检验方法下，"没有协整关系""至多一个协整关系""至多两个协整关系"的原假设在1.00%的显著性水平下都得到了拒绝（见表5-2-3），表明城市群功能分工、经济集聚、城市群空间结构之间存在长期协整关系。后面建立模型分析是合适的。

表5-2-3 协整检验结果

原假设	迹检验		最大特征根	
	统计量	P值	统计量	P值
没有协整关系	87.55	0.0000	87.55	0.0000
至多一个协整关系	240.90	0.0000	240.90	0.0000
至多两个协整关系	127.10	0.0000	127.10	0.0000

（2）动态面板模型估计结果。

首先，笔者对模型进行了混合普通最小二乘估计，得到以下结果（表5-2-4第2列），由估计结果可知，城市群的空间结构指标的一期滞后项对其影响系数为1.027，且在1.00%的显著性水平上显著，表明城市群空间结构具有很强的惯性；经济集聚指标对其影响系数为0.128，且在1.00%的显著性水平上显著，表明经济增长促进城市群集聚-碎化指标提高，有利于城市群扩散力的发挥；城市群功能分工指标对其影响系数为0.018，且在1.00%的显著性水平上显著，表明城市群功能分工能够促进城市群集聚-碎化指标提高，有利于城市群扩散力的发挥。控制变量中，一方面，政府财政支出、城市道路面积对被解释变量的影响系数分别为-0.108、-0.065，且均在1.00%的显著性水平上显著，表明其能够促进城市群集聚-碎化指标下降，有利于城市群集聚力的发挥；另一方面，人口规模、宽带用户数量、职工平均工资、城市公交数量、医疗床位数等控制变量的影响系数则在5.00%的显著性水平上不显著。

表5-2-4 面板模型估计结果

变量	空间结构（OLS）	空间结构（FE）	空间结构（RE）
空间结构滞后一期	1.027*** (0.018)	0.904*** (0.164)	1.028*** (0.018)
经济集聚	0.128*** (0.017)	0.199*** (0.021)	0.130*** (0.017)
功能分工	0.018*** (0.005)	−0.006 (0.007)	0.017*** (0.005)
人口规模	−0.031 (0.027)	0.399** (0.191)	−0.033 (0.028)
家庭宽带	−0.002 (0.013)	0.006 (0.015)	−0.002 (0.013)
平均工资	0.004 (0.034)	−0.103** (0.051)	0.002 (0.035)
城市公交	0.005 (0.014)	0.009 (0.017)	0.005 (0.014)
财政支出	−0.108*** (0.030)	−0.108*** (0.040)	−0.108*** (0.030)
医院床位	0.034 (0.030)	0.071 (0.046)	0.035 (0.030)
道路面积	−0.065*** (0.021)	−0.067* (0.039)	−0.068*** (0.021)
常数项	−0.291 (0.268)	−3.976** (1.564)	−0.289 (0.269)
观测值	140	140	140
拟合系数	0.998	0.687	0.597

注：括号内标准误，*** $P<0.01$, ** $P<0.05$, * $P<0.1$。表中OLS代表混合普通最小乘估计，FE代表固定效应，RE代表随机效应，全书如此，后不再出注。

其次，笔者对模型进行了固定效应、随机效应估计；发现其与混合普通最小二乘估计结果存在显著差异；表明普通最小二乘估计由于未考虑遗漏变量等问题产生的内生性问题，导致估计结果有偏误。随机效应模型的估计结果与混合普通最小二乘的估计结果高度一致：由估计结果（表5-2-4第4列）可知，城市群空间结构指标的一期滞后项对其影响系数为1.028，且在1.00%的显著性水平上显著，表明城市群空间结构具有很强的惯性；经济集聚指标对其影响系数为 0.130，且在 1.00％的显著性水平上显著，表明经济增长促进城市群集聚－碎化指标提高，有利于城市群扩散力的发挥；城市群功能分工指标对其影响系数为 0.017，且在 1.00％的显著性水平上显著，表明城市群功能分工能够促进城市群集聚－碎化指标提高，有利于城市群扩散力的发挥。

最后，在对比筛选固定效应与随机效应模型时，笔者进行了 Hausman 检验，检验结果显示卡方统计量为 125.68，且其对应的 P 值为 0.0000；表明选择面板固定效应明显是合理的。由固定效应模型的估计结果（表 5－2－4 第 3 列）可知，城市群空间结构指标的一期滞后项对其影响系数为 0.904，且在 1.00％的显著性水平上显著，表明城市群空间结构具有很强的惯性；经济集聚指标对其影响系数为 0.199，且在 1.00％的显著性水平上显著，表明经济增长促进城市群集聚－碎化指标提高，即有利于城市群扩散力的发挥；然而，城市群功能分工指标对其影响系数在 5.00％的显著性水平上不显著。控制变量中，职工平均工资、政府财政支出、城市道路面积对被解释变量的影响系数分别为 －0.103、－0.108、－0.067，且分别在 5.00％、1.00％、10.00％的显著性水平上显著，表明职工平均工资、政府财政支出、城市道路面积能够促进城市群集聚－碎化指标下降，有利于城市群集聚力的发挥；人口规模指标对其影响系数为 0.399，且在 5.00％的显著性水平上显著，表明人口规模促进城市群集聚－碎化指标提高，有利于城市群扩散力的发挥；宽带用户数量、城市公交数量、医疗床位数等控制变量的影响系数则在 5.00％的显著性水平上不显著。

然而，该结论成立与否尚需稳健性检验。

5.2.2.2 稳健性检验

由上述动态面板模型的估计结果及 Hausman 检验结果可知，面板固定效应模型更合适；然而，在变量说明中，笔者指出城市群功能分工指标的计算存在重大差异，可能导致估计结果偏误。于是，首先对上述动态面板模型替换相关变量进行稳健性检验。其次，笔者通过理论分析发现城市群功能分工对城市群空间结构的影响依赖于城市群经济集聚程度或其经济体量，即可能存在"门限效应"；因此，在动态面板模型的基础上，还应进行动态面板门限模型的估计。

（1）动态面板模型的稳健性检验。

笔者对模型进行了混合普通最小二乘估计，得到以下结果（见表 5－2－5 第 2 列），由估计结果可知，城市群空间结构一期滞后项对其影响系数为 1.031，且在 1.00％的显著性水平上显著，表明城市群空间结构具有很强的惯性；经济集聚对其影响系数为0.120，且在1.00%的显著性水平上显著，表明经济增长促进城市群集聚－碎化指标提高，有利于城市群发挥其扩散力；城市群功能分工对其影响系数为0.025，且在5.00%的显著性水平上显著，表明城市群功能分工能够促进城市群集聚－碎化指标提高，有利于城市群扩散力的发挥。控制变量中，财政支出、道路面积对被解释变量的影响系数分别为－0.086、－0.072，且均在1.00%的显著性水平上显著，表明其能够促进城市群集聚－碎化指标下降，有利于城市群集聚力的发挥；人口规模、家庭宽带、平均工资、城市公交、医院床位等控制变量的影响系数则在5.00%的显著性水平上不显著。

表5－2－5 面板模型估计结果（稳健性检验）

变量	空间结构（OLS）	空间结构（FE）	空间结构（RE）
空间结构一期滞后	1.031*** (0.019)	0.905*** (0.170)	1.031*** (0.019)
经济集聚	0.120*** (0.017)	0.196*** (0.021)	0.120*** (0.017)
功能分工	0.025** (0.010)	−0.006 (0.019)	0.025** (0.010)
人口规模	−0.028 (0.028)	0.390** (0.191)	−0.028 (0.028)
家庭宽带	−0.000 (0.013)	0.006 (0.015)	−0.000 (0.013)
平均工资	−0.006 (0.035)	−0.102** (0.051)	−0.006 (0.035)
城市公交	0.011 (0.015)	0.009 (0.017)	0.011 (0.015)
财政支出	−0.086*** (0.030)	−0.107*** (0.040)	−0.086*** (0.030)
医院床位	0.018 (0.031)	0.072 (0.046)	0.018 (0.031)
道路面积	−0.072*** (0.021)	−0.070* (0.039)	−0.072*** (0.021)
规划政策	−0.040*** (0.012)	−0.018* (0.011)	−0.040*** (0.012)
常数项	−0.275 (0.276)	−3.843** (1.563)	−0.275 (0.276)

续表5-2-5

变量	空间结构（OLS）	空间结构（FE）	空间结构（RE）
观测值	140	140	140
拟合系数	0.998	0.685	0.595

注：括号内为标准误，*** $P<0.01$，** $P<0.05$，* $P<0.10$。

笔者对模型进行了固定效应、随机效应估计，发现其与混合普通最小二乘估计结果存在显著差异，表明普通最小二乘估计由于未考虑遗漏变量等问题产生的内生性问题，会导致估计结果有偏误。随机效应模型的估计结果与混合普通最小二乘的估计结果高度一致。

由估计结果（见表5-2-5第4列）可知，城市群空间结构一期滞后项对其影响系数为1.031，且在1.00%的显著性水平上显著，表明城市群空间结构具有很强的惯性；经济集聚对其影响系数为0.120，且在1.00%的显著性水平上显著，表明经济增长促进城市群集聚-碎化指标提高，有利于城市群发挥其扩散力；城市群功能分工对其影响系数为0.025，且在5.00%的显著性水平上显著，表明城市群功能分工能够促进城市群集聚-碎化指标提高，有利于城市群发挥其扩散力。

然而，在对比筛选固定效应与随机效应模型时，笔者也进行了Hausman检验，检验结果显示卡方统计量为105.12，且其对应的P值为0.0000；表明选择面板固定效应明显是合理的。由固定效应模型的估计结果（见表5-2-5第3列）可知，城市群空间结构一期滞后项对其影响系数为0.905，且在1.00%的显著性水平上显著，表明城市群空间结构具有很强的惯性；经济集聚指标对其影响系数为0.196，且在1.00%的显著性水平上显著，表明经济增长促进城市群集聚-碎化指标提高，有利于城市群扩散力的发挥；然而，城市群功能分工对其影响系数在5.00%的显著性水平上不在显著。

控制变量中，平均工资、财政支出、道路面积对被解释变量的影响系数分别为-0.102、-0.107、-0.070，且分别在5.00%、1.00%、10.00%的显著性水平上显著，表明城市群功能分工能够促进城市群集聚-碎化指标下降，有利于城市群发挥其集聚力；人口规模对其影响系数为0.390，且在5.00%的显著性水平上显著，表明人口规模促进城市群集聚-碎化指标提高，有利于城市群发挥其扩散力；家庭宽带、城市公交、医院床位等控制变量的影响系数则在5.00%的显著性水平上不显著。

这些估计结果均与前述结果高度一致，表明动态面板模型的估计结果是稳健的，故应该选用固定效应模型。

（2）动态面板门限模型的稳健性检验。

前述动态面板模型的稳健性检验表明选择面板固定效应明显是合理的。基于此，对下面章节的动态面板数据进行门限模型分析。

笔者进行了单一门限与双重门限的存在性检验，利用自抽样（Bootstrap）方法进行500次反复抽样确定门槛值，并对门槛值进行有效性检验得到 F 值和 P 值，检验结果见表5-2-6，由检验结果可知单一门限和双重门限的 F 值分别为23.10与16.89，双重门限检验结果在5.00%的显著性水平下不显著，单一门限检验结果在5.00%的显著性水平下显著；因此，城市群功能分工对城市群空间结构变动存在单一门限效应。

表5-2-6　门限效应自抽样检验结果

门限	F-Value	P-Value	10.00%	5.00%	1.00%
单一门限	23.10	0.0460	18.0841	22.6143	32.3284
双重门限	16.89	0.2480	29.5306	36.0139	63.0111

注：临界值和 P 值均为采用Bootstrap方法重复抽样500次得到的结果。

进一步，图5-2-1直接给出了门限值及其置信区间，单一门限值为国内生产总值 4.0819×10^7 万元，且其95%的置信区间为国内生产总值 3.4916×10^7 万元至 4.2543×10^7 万元；由此可依据国内生产总值将各城市群经济体量分为经济体量大与经济体量小两种类型。由门限自抽样检验结果可知，经济体量大小对城市群功能分工影响城市群空间结构变动存在显著的单一门槛效应。

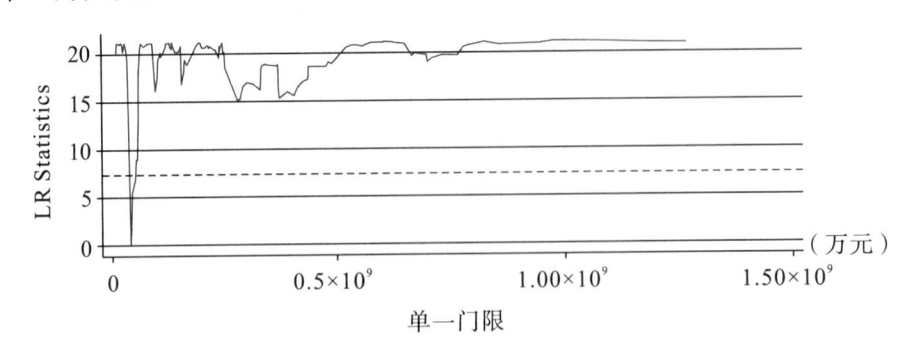

单一门限

第 5 章 城市群空间结构的影响因素

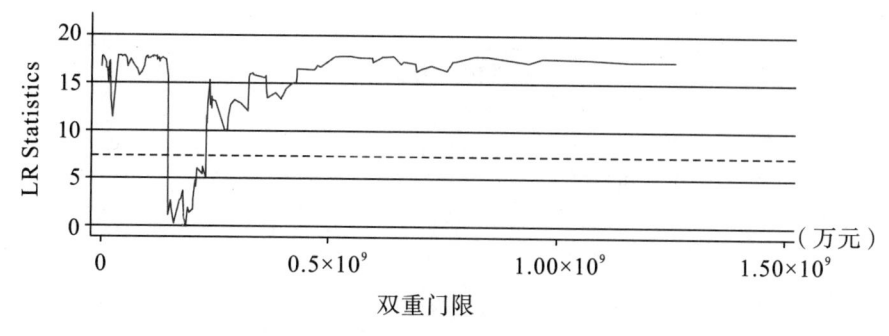

图 5-2-1 门限值估计及其置信区间

由动态面板门限模型的估计结果（见表 5-2-7 第 2 列）可知，在经济体量较小的城市群，城市群功能分工对城市群空间结构的影响系数为 -0.038，且在 5.00% 的显著性水平上不显著；而在经济体量较大的城市群，城市群功能分工对城市群空间结构的影响系数为 0.081，且在 1.00% 的显著性水平上显著，表明城市群功能分工能够促进城市群集聚-碎化指标提高，有利于城市群发挥其扩散力。这说明依赖于城市群经济体量，城市群功能分工对城市群空间结构的影响存在显著门限效应；在经济体量较大的城市群，城市群功能分工才有利于城市群扩散力的发挥。

表 5-2-7 模型估计结果 1

变量	空间结构（OLS）	空间结构（FE）
空间结构滞后一期	0.957*** (0.208)	1.069*** (0.203)
人口规模	0.680*** (0.237)	0.591** (0.239)
家庭宽带	0.006 (0.019)	0.023 (0.019)
平均工资	-0.249*** (0.062)	-0.194*** (0.062)
城市公交	0.007 (0.021)	0.003 (0.021)
财政支出	0.062 (0.045)	0.028 (0.045)
医院床位	0.233*** (0.051)	0.204*** (0.053)
道路面积	-0.155*** (0.046)	-0.176*** (0.046)

续表5-2-7

变量	空间结构（OLS）	空间结构（FE）
功能分工（低于门限值）	−0.038 (0.026)	0.001 (0.009)
功能分工（高于门限值）	0.081*** (0.026)	0.053*** (0.014)
常数项	−4.865** (1.919)	−4.118** (1.945)
观测值	140	140
拟合系数	0.534	0.518

注：括号内为标准误，*** $P<0.01$，** $P<0.05$，* $P<0.10$。

当然，笔者利用城市群功能分工指标不同的计算方法对动态面板门限模型进行了稳健性检验。由动态面板门限模型稳健性的估计结果（见表5-2-7第3列）可知，在经济体量较小的城市群，城市群功能分工指标对城市群空间结构的影响系数为0.001，且在5.00%的显著性水平上不显著；而在经济体量较大的城市群，城市群功能分工指标对城市群空间结构的影响系数为0.053，且在1.00%的显著性水平上显著，表明城市群功能分工能够促进城市群集聚－碎化指标提高，有利于城市群发挥其扩散力。这说明依赖于城市群经济体量，城市群功能分工指标对城市群空间结构的影响存在显著门限效应；在经济体量较大的城市群，城市群功能分工才有利于城市群扩散力的发挥。故动态面板门限模型的估计结果是稳健的。

进一步来看，通过分析门限值笔者发现长三角城市群、京津冀城市群、珠三角城市群、长江中游城市群、成渝城市群、哈长城市群、辽中南城市群、山东半岛城市群、中原城市群、海峡西岸城市群等十大城市群的经济规模总体量远超过门限值，在这些城市群中功能分工具有显著的扩散力作用。呼包鄂榆城市群、关中城市群在2008年后经济体量均超过门限值，太原城市群在2010年后经济体量均超过门限值，至此，城市群的功能分工具有显著的扩散力作用。①

---

① 各城市群经济体量由笔者根据相关城市GDP数据整理而得。参见国家统计局，2020. 中国城市统计年鉴2019 [M]. 北京：中国统计出版社。

(3) 更换被解释变量的稳健性检验。

在前述概念界定与测算方法中明确了城市群空间结构的测量方法较多，但存在以下缺陷：一是从单个城市群整体角度来进行测量，无法从城市群内部单个城市的角度进行表达；二是无法具体的考量长三角、京津冀、珠三角等三大城市群空间结构的影响因素。

基于此，寻找从单个城市角度衡量城市群空间结构的指标迫在眉睫。诸多学者的研究已经明确了城市层级体系与城市群空间结构的关系，当层级体系呈扁平状态时，说明城市群空间结构较为分散；而当层级体系呈多层次状态时，说明城市群空间结构较为集聚。因此，笔者选择层级体系指标作为城市群空间结构的衡量变量具体考察三大城市群空间结构的影响因素。

对比筛选混合回归与固定效应模型，两者存在显著差异，然而混合回归无法体现面板数据中个体之间的异质性，固定效应模型具有显著优势。其次，再对比筛选固定效应与随机效应模型时，笔者进行了 Hausman 检验，检验结果显示卡方统计量为 28.29，且其对应的 P 值为 0.0292：表明选择面板固定效应明显是合理的。

由固定效应模型回归结果可知，在影响城市群空间结构的各影响因素中，仅有经济集聚、功能分工及常住人口规模等三个变量的影响系数显著；且具体来看，经济集聚、功能分工对城市群空间结构的影响系数为负，人口规模对城市群空间结构的影响系数为正。经济集聚对层级体系的影响系数在 1.00% 的显著性水平下显著为 −0.366（见表 5−2−8），经济集聚促进层级体系减少，经济集聚促进层级体系扁平化发展；功能分工对层级体系的影响系数在 5.00% 的显著性水平下显著为 −0.086，功能分工促进层级体系减少，功能分工促进层级体系扁平化发展；人口规模对层级体系的影响系数在 5.00% 的显著性水平下显著为 0.384，人口规模促进层级体系增加，人口规模促进层级体系多层次化发展。

表 5−2−8　模型估计结果 2

变量	空间结构（OLS）	空间结构（FE）	空间结构（RE）
经济集聚	0.227*** (0.064)	−0.366* (0.211)	−0.057 (0.113)
功能分工	−0.106 (0.080)	−0.086** (0.028)	−0.150 (0.095)
平均工资	0.571** (0.275)	0.219 (0.405)	0.508* (0.278)

续表5-2-8

变量	空间结构（OLS）	空间结构（FE）	空间结构（RE）
藏书量	−0.475*** (0.095)	−0.037 (0.112)	−0.179* (0.103)
居民储蓄额	0.093 (0.138)	−0.122 (0.149)	−0.080 (0.133)
工业用电	0.038 (0.062)	0.077 (0.073)	0.094 (0.068)
房地产投资	0.057 (0.106)	0.022 (0.122)	0.050 (0.111)
城市公交	−0.085 (0.082)	−0.135 (0.104)	−0.145 (0.095)
金融机构贷款余额	0.465*** (0.122)	0.064 (0.132)	0.147 (0.122)
在校大学生数	0.111* (0.059)	0.124 (0.158)	0.124 (0.104)
家庭宽带	−0.208** (0.082)	0.018 (0.067)	0.002 (0.066)
医院床位	0.654*** (0.227)	−0.245 (0.307)	−0.008 (0.261)
人口规模	−0.131 (0.190)	0.384** (0.188)	0.293* (0.177)
产业结构	−4.155*** (0.671)	−0.165 (0.982)	−1.750** (0.848)
财政支出	−0.107 (0.226)	0.165 (0.346)	−0.060 (0.284)
财政收入	−0.509*** (0.187)	0.009 (0.236)	−0.212 (0.208)
常数项	−1.457 (2.069)	1.987 (2.230)	1.901 (1.884)
观测值	720	720	720
拟合系数	0.308	0.077	0.342

注：括号内为标准误，*** $P<0.01$，** $P<0.05$，* $P<0.10$。

综上所述，在众多影响城市群空间结构的因素中，仅有经济集聚、功能分工指标对城市群空间结构扁平化发展、多中心发展存在显著的促进作用。

5.2.3 结论与讨论

基于区域空间结构理论、流动空间理论及城市网络理论，笔者认为经济发展因素，居民收入因素，人口因素，产业结构及产业分工因素，政府支出等财政因素，道路、公共交通、医疗卫生等公共基础设施建设等因素均是城市群空间结构变动的重要因素；而城市群经济集聚则是城市群空间结构呈分散的主要动力，城市群功能分工对城市群空间结构的影响则存在门限效应，只有在城市群经济体量较大时，城市群功能分工才对城市群空间结构有显著的扩散力作用。

为了对上述假说进行检验，笔者选取长三角、京津冀、珠三角、成渝、长江中游、哈长、辽中南、山东半岛、中原、海峡西岸、呼包鄂榆、太原、关中、宁夏沿黄等十四大城市群作为研究对象，分析研究了经济集聚、城市群功能分工对城市群空间结构变动的影响。利用 2007—2018 年十四大城市群的面板数据，本书建立了动态面板模型及动态面板门限模型，笔者通过实证分析得到以下结论：第一，城市群空间结构存在较强的时间惯性。第二，经济集聚指标、人口规模指标促进城市群集聚－碎化指标提高，有利于城市群扩散力的发挥。第三，城市群功能分工对城市群空间结构变动存在单一门限效应；只有在城市群经济体量较大时，城市群功能分工才对城市群空间结构呈显著的扩散力作用。第四，政府支出等财政因素，居民收入因素，道路等公共基础设施建设等因素显著促进城市群集聚－碎化指标的下降，有利于城市群集聚力的发挥。

然而，以下两点需要讨论：第一，关于本书方法的适用性。商品房价格的变动不仅受经济发展因素影响，还受居民收入因素，人口因素，产业结构及产业分工因素，政府支出等财政因素，道路、公共交通、医疗卫生等公共基础设施建设因素等一系列因素的影响，更会受到城市群异质性因素的影响及城市群空间结构变动惯性的影响；如若采用混合普通最小二乘估计，势必会产生内生性问题，导致估计结果有偏误，故采用动态面板模型是合适的；进一步根据相关理论分析，城市群功能分工对城市群空间结构变动的影响存在门限效应，这就要求笔者建立动态面板门限模型来进行实证检验。可以说，动态面板模型及动态面板门限模型很好地突出了本书的重点，基本保证了所用模型的适用性及所得结论的科学性。第二，本书的局限及有待深化研究的问题主要有两个方面：一方面，受获取数据的制约，本书对经济集聚、城市群功能分工与城市群空间结构的研究也受到时间、空间两个维度的影响，从而使本书有一定的局限性。如能获得更长时间序列、更完备的县、区级层面数据，可能会得到更好的估计结果。另一方面，在抓主要矛盾的思想指导下，本书对城市群空间结构变动因素的控制中，只能涉及主要的、有限的控制变量，期待以后有机会进行更深入的研究。

5.3 本章小结

自改革开放以来，中国城市经济不断发展，形成了长三角、京津冀、珠三角、成渝、长江中游、哈长、辽中南、山东半岛、中原、海峡西岸、呼包鄂榆、太原、关中、宁夏沿黄、兰西、天山北坡、黔中、滇中、北部湾等具有发育成熟差异的十九大城市群。城市群的不断发展使得社会、经济等要素不断向城市群集中；人口、信息等要素流动使得城市群呈单中心、多中心、网络化等不同空间结构。

"以城市群为主体构建大中小城市和小城镇协调发展的城镇格局"已成为城市群的发展导向，城市群将日益成为新型城镇化的主体形态和现代化建设的重要载体。一方面，城市群的发展使得人口、信息等要素向城市（尤其是向核心城市）集聚；另一方面，区域协调发展又成为中国区域经济发展的重要战略。那么如何实现区域协调发展？越来越多的学者注意到城市群功能分工与经济集聚对区域一体化、协同发展的重要性（Fresca & Veiga，2011）。那么城市群功能分工对城市群空间结构的变动有何影响？从中可得到何种启示？基于此，笔者以中国十四大城市群作为研究对象，建立动态面板模型和动态面板门限模型，以探讨城市群功能分工对城市群空间结构变动的影响。本书具有以下实践意义与理论意义：一方面，能够把握不同城市群空间结构变动的影响因素，为研判未来城市群的发展变化，提供重要依据，为城市群的发展提供相关政策建议，具有重要的实践意义；另一方面，也能弥补城市群视角下，城市群功能分工与空间结构变动关系的研究空白，具有深远的理论意义。

通过构建城市群空间结构从不同变量的稳健性检验来看，城市群功能分工对城市群空间结构变动存在单一门限效应；当城市群经济体量较大时，城市群功能分工才会对城市群空间结构呈显著的扩散力作用，有利于城市群多中心空间结构的形成。显然，从城市群整体出发，经济集聚、功能分工是长三角城市群、京津冀城市群、珠三角城市群、长江中游城市群、成渝城市群、哈长城市群、辽中南城市群、山东半岛城市群、中原城市群、海峡西岸城市群、呼包鄂榆城市群、关中城市群、太原城市群等城市群空间结构演化的最重要的因素。

本书以三大城市群为样本构建稳健性检验，发现功能分工、经济集聚是城市群空间结构朝向多中心、网络化方向发展的两大核心要素。

综上所述，就三大城市群而言，经济集聚、功能分工是城市群空间结构扁平化发展、多中心发展最为重要的两大影响因素。

第6章 功能分工、经济集聚对城市群空间结构的影响机制

6.1 经验事实、理论分析

6.1.1 经验事实

为了探讨城市群功能分工、经济集聚对城市群空间结构变动的影响机制，笔者对 2007—2018 年三大城市群的功能分工指数、经济集聚指数、产业同构系数、层级体系指标等变量进行变量关系的初步探索。

首先，笔者对长三角城市群相关变量的关系进行初步探索。

第一，从长三角城市群功能分工的情况来看，2007 年上海市、南京市、杭州市、合肥市、金华市、舟山市、安庆市、池州市、宣城市等九个城市的功能分工指数均大于1，这表明这些城市的生产性服务业相对集中，该地区城市的功能专业化程度较高。

2010 年上海市、南京市、杭州市、合肥市、滁州市、舟山市、安庆市、池州市、宣城市等九个城市的功能分工指数均大于1，这表明这些城市的生产性服务业相对集中，该地区的城市功能专业化程度较高。

2015 年上海市、南京市、杭州市、滁州市、舟山市、池州市、宣城市等七个城市的功能分工指数均大于1，这表明这些城市的生产性服务业相对集中，该地区城市的功能专业化程度较高。

2018 年上海市、南京市、杭州市、舟山市、池州市等五个城市的功能分工指数均大于1，这表明这些城市的生产性服务业相对集中，该地区城市的功能专业化程度较高。

由此可知，2007—2018 年长三角城市群功能分工的演化呈愈来愈少的城市保持功能专业化程度较高的趋势。

第二，从长三角城市群经济集聚的情况来看，2007年上海市处于第一层次，无锡市、苏州市处于第二层次，南京市、镇江市、常州市、马鞍山市、嘉兴市、宁波市等六个城市处于第三层次，杭州市、湖州市、绍兴市、台州市、金华市、舟山市、扬州市、泰州市、南通市、合肥市、铜陵市、芜湖市等十二个城市处于第四层次，安庆市、池州市、宣城市、滁州市、盐城市等五个城市处于第五层次。

2010年上海市处于第一层次，无锡市、苏州市处于第二层次，南京市、镇江市、常州市、马鞍山市、嘉兴市、宁波市等六个城市处于第三层次，杭州市、湖州市、绍兴市、台州市、舟山市、扬州市、泰州市、南通市、合肥市、铜陵市、芜湖市等十一个城市处于第四层次，安庆市、池州市、宣城市、滁州市、盐城市、金华市等六个城市处于第五层次。

2015年上海市处于第一层次，无锡市、苏州市、常州市、南京市等四个城市处于第二层次，杭州市、镇江市、铜陵市、扬州市、泰州市、南通市、嘉兴市、舟山市、宁波市等九个城市处于第三层次，湖州市、绍兴市、台州市、金华市、马鞍山市、合肥市、芜湖市等七个城市处于第四层次，安庆市、池州市、宣城市、滁州市、盐城市等五个城市处于第五层次。

2018年上海市处于第一层次，无锡市、苏州市、常州市、南京市等四个城市处于第二层次，杭州市、镇江市、扬州市、泰州市、南通市、嘉兴市、舟山市、宁波市等八个城市处于第三层次，湖州市、绍兴市、台州市、金华市、马鞍山市、合肥市、铜陵市、芜湖市等八个城市处于第四层次，安庆市、池州市、宣城市、滁州市、盐城市等五个城市处于第五层次。

显然，长三角城市群经济密度愈加集聚于上海市、苏州市、无锡市、常州市、南京市等地域。

第三，从长三角城市群各城市与核心城市上海的产业同构的情况来看，2007年与上海市产业同构最为严重（产业同构系数高于0.9）的地区为南通市、无锡市、苏州市、湖州市、嘉兴市、杭州市、常州市、镇江市、泰州市、宁波市、舟山市、盐城市、扬州市、南京市、马鞍山市、芜湖市、铜陵市、合肥市等十八个城市。

2010年与上海市产业同构最为严重（产业同构系数高于0.9）的地区为南通市、无锡市、苏州市、湖州市、嘉兴市、常州市、镇江市、泰州市、宁波市、舟山市、南京市、马鞍山市、芜湖市、铜陵市等十四个城市；盐城市、扬州市、杭州市、合肥市与上海市产业同构系数有所下降。

2015年与上海市产业同构最为严重（产业同构系数高于0.9）的地区为芜湖

市；南通市、无锡市、苏州市、湖州市、嘉兴市、常州市、镇江市、泰州市、宁波市、舟山市、南京市、马鞍山市、铜陵市等十三个城市与上海市产业同构系数有所下降；盐城市、扬州市、杭州市、合肥市与上海市产业同构系数进一步下降。2018年与上海市产业同构最为严重（产业同构系数高于0.9）的地区为0个。

整体而言，2007—2018年长三角城市群各城市与核心城市上海的产业同构程度呈下降的趋势，区域合作得到发展。

第四，从长三角城市群层级体系的情况来看，2007年上海市处于第一层级，南京市、杭州市处于第二层级，南通市、苏州市、嘉兴市、宁波市、舟山市、绍兴市、湖州市、无锡市、泰州市、扬州市、镇江市、常州市、马鞍山市、铜陵市等十四个城市处于第三层级，金华市、台州市、盐城市、滁州市、芜湖市、宣城市、安庆市、池州市等八个城市处于第四层级，合肥市处于第五层级（如图6-1-1所示）。

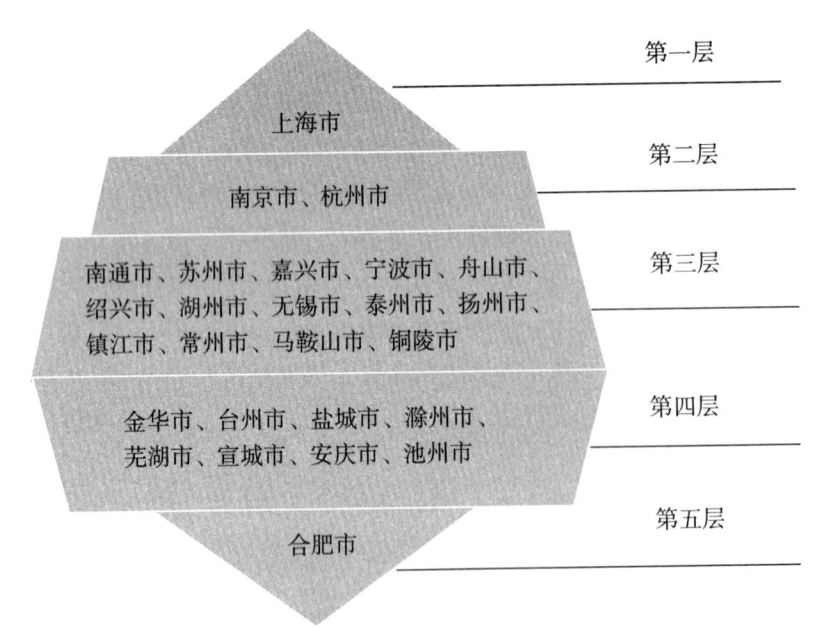

图6-1-1 2007年长三角城市群层级体系演化图

2010年上海市处于第一层级，南京市、杭州市、宁波市、无锡市、苏州市等五个城市处于第二层级，南通市、嘉兴市、舟山市、绍兴市、湖州市、泰州市、扬州市、镇江市、常州市、芜湖市、安庆市十一个城市处于第三层级，金华市、台州市、盐城市、合肥市等四个城市处于第四层级，滁州市、马鞍山市、铜陵市、宣城市、池州市处于第五层级（如图6-1-2所示）。

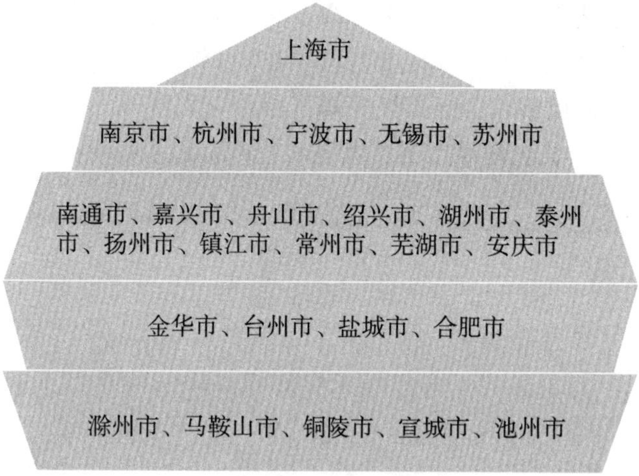

| 第6章 | 功能分工、经济集聚对城市群空间结构的影响机制

上海市

南京市、杭州市、宁波市、无锡市、苏州市

南通市、嘉兴市、舟山市、绍兴市、湖州市、泰州市、扬州市、镇江市、常州市、芜湖市、安庆市

金华市、台州市、盐城市、合肥市

滁州市、马鞍山市、铜陵市、宣城市、池州市

图 6-1-2　2010 年长三角城市群层级体系演化图

2015 年上海市处于第一层级，南京市、杭州市、苏州市等三个城市处于第二层级，宁波市、无锡市、南通市、嘉兴市、绍兴市、湖州市、泰州市、扬州市、镇江市、常州市等十个城市处于第三层级，金华市、台州市、盐城市、芜湖市、滁州市、马鞍山市、铜陵市、宣城市、安庆市、池州市、合肥市等十一个城市处于第四层级，舟山市处于第五层级（如图 6-1-3 所示）。

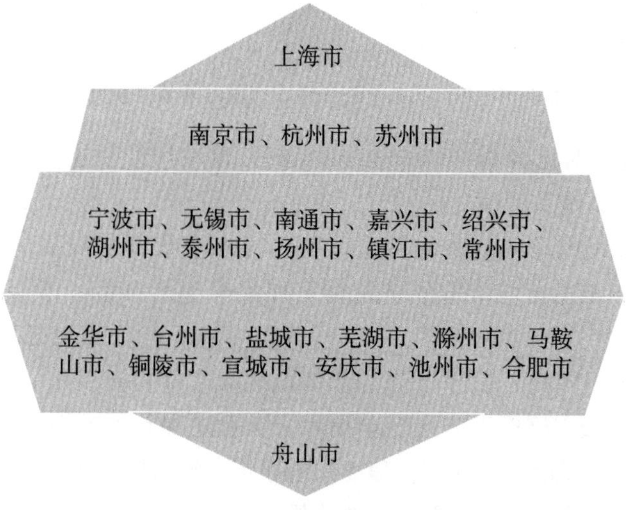

上海市

南京市、杭州市、苏州市

宁波市、无锡市、南通市、嘉兴市、绍兴市、湖州市、泰州市、扬州市、镇江市、常州市

金华市、台州市、盐城市、芜湖市、滁州市、马鞍山市、铜陵市、宣城市、安庆市、池州市、合肥市

舟山市

图 6-1-3　2015 年长三角城市群层级体系演化图

2018 年上海市处于第一层级，南京市、杭州市、金华市等三个城市处于第二层级，南通市、泰州市、扬州市、镇江市、宣城市、舟山市等六个城市处

77

于第三层级,宁波市、无锡市、金华市、嘉兴市、绍兴市、台州市、湖州市、常州市、盐城市、芜湖市、滁州市、马鞍山市、铜陵市、安庆市、池州市等十五个城市处于第四层级,合肥市处于第五层级(如图6-1-4所示)。总体而言,2007—2018年长三角城市群层级体系变动加大。

```
                        上海市
                 南京市、杭州市、金华市
         南通市、泰州市、扬州市、镇江市、宣城市、
         舟山市
         宁波市、无锡市、金华市、嘉兴市、绍兴市、
         台州市、湖州市、常州市、盐城市、芜湖市、
         滁州市、马鞍山市、铜陵市、安庆市、池州市
                        合肥市
```

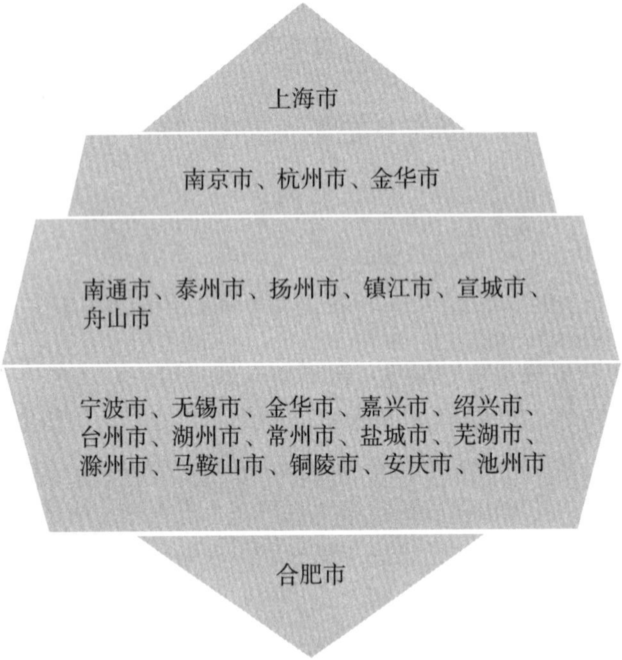

图6-1-4 **2018年长三角城市群层级体系演化图**

综上所述,对比分析2007—2018年长三角城市群功能分工、经济集聚、产业同构、层级体系的演化图可知:第一,2007—2018年长三角城市群功能分工的演化呈现出愈来愈少的城市保持功能专业化程度较高的趋势;第二,2007—2018年长三角城市群经济密度愈加集聚于上海市、苏州市、无锡市、常州市、南京市等地域;第三,2007—2018年长三角城市群各城市与核心城市上海市的产业同构程度呈下降的趋势,区域合作得到发展;第四,2007—2018年长三角城市群层级体系变动加大。从上述现象可推知城市群的功能分工、经济集聚会降低产业同构的程度,进而带动城市层级体系变化。然而,该结论成立与否有待后文进行更科学的分析。

其次,笔者对京津冀城市群相关变量的关系进行初步探索。

第一,从京津冀城市群功能分工的情况来看,2007—2018年仅有北京市功能分工指数均大于1,表明京津冀城市群中仅有北京市的生产性服务业相对

集中，该地区城市功能专业化程度较高。概括而言，2007—2018年京津冀城市群功能分工的演化趋势不明显，区域分化发展情况严重。

第二，从京津冀城市群经济集聚的情况来看，2007年北京市、天津市处于第一层次，唐山市处于第二层次，石家庄市、廊坊市、沧州市、邯郸市等四个城市处于第三层次，保定市、衡水市、邢台市、秦皇岛市等四个城市处于第四层次，张家口市、承德市等两个城市处于第五层次。2010年北京市、天津市处于第一层次，唐山市处于第二层次，石家庄市、廊坊市、沧州市、邯郸市等四个城市处于第三层次，保定市、衡水市、邢台市、秦皇岛市等四个城市处于第四层次，张家口市、承德市等两个城市处于第五层次。2015年北京市、天津市处于第一层次，石家庄市、廊坊市、唐山市等三个城市处于第二层次，沧州市、邯郸市等两市处于第三层次，保定市、衡水市、邢台市、秦皇岛市等四个城市处于第四层次，张家口市、承德市等两市处于第五层次。2018年北京市、天津市处于第一层次，石家庄市、廊坊市、唐山市等三个城市处于第二层次，沧州市、邯郸市等两个城市处于第三层次，保定市、衡水市、邢台市、秦皇岛市等四个城市处于第四层次，张家口市、承德市等两个城市处于第五层次。显然，2007—2018年京津冀城市群中石家庄市与廊坊市的经济密度提升的最快，实现了层级的跃升。

第三，从京津冀城市群各城市与核心城市产业同构的情况来看，2007年与北京市产业同构最为严重（产业同构系数高于0.9）的地区为0个，与北京市产业同构较为严重（产业同构系数介于0.8~0.9之间）的地区有张家口市、秦皇岛市、天津市、保定市、石家庄等五个城市。2010年与北京市产业同构最为严重（产业同构系数高于0.9）的地区为0个，与北京市产业同构较为严重（产业同构系数介于0.8~0.9）的地区仅有石家庄市。2015年与北京市产业同构最为严重（产业同构系数高于0.9）的地区为0个，与北京市产业同构较为严重（产业同构系数介于0.8~0.9）的地区仅有石家庄市。2018年与北京市产业同构最为严重（产业同构系数高于0.9）的地区为0个，与北京市产业同构较为严重（产业同构系数介于0.8~0.9）的地区仅有石家庄市，与北京市产业同构较轻（产业同构系数介于0.7~0.8）的地区仅有天津市，其他城市与北京市产业同构程度均为轻微（产业同构系数介于0.6~0.7）。整体而言，2007—2018年京津冀城市群各城市与核心城市——北京市的产业同构程度呈下降的趋势，区域合作得到发展。

第四，从京津冀城市群层级体系的情况来看，2007年北京市处于第一层级，天津市处于第二层级，石家庄市、唐山市、秦皇岛市等三个城市处于第三层级，张家口市、保定市、廊坊市、沧州市、邯郸市等五个城市处于第四层级，承德市、衡水市、邢台市等三个城市处于第五层级（如图6-1-5所示）。

```
         北京市
        天津市
   石家庄市、唐山市、秦皇岛市
张家口市、保定市、廊坊市、沧州市、邯郸市
    承德市、衡水市、邢台市
```

图6-1-5 2007年京津冀城市群层级体系演化图

在2010年京津冀城市群层级体系中，北京市处于第一层级，天津市处于第二层级，石家庄市、唐山市、秦皇岛市等三个城市处于第三层级，张家口市、保定市、廊坊市、沧州市、邯郸市、承德市等六个城市处于第四层级，衡水市、邢台市两个城市处于第五层级（如图6-1-6所示）。

```
            北京市
           天津市
      石家庄市、唐山市、秦皇岛市
张家口市、保定市、廊坊市、沧州市、邯郸市、承德市
         衡水市、邢台市
```

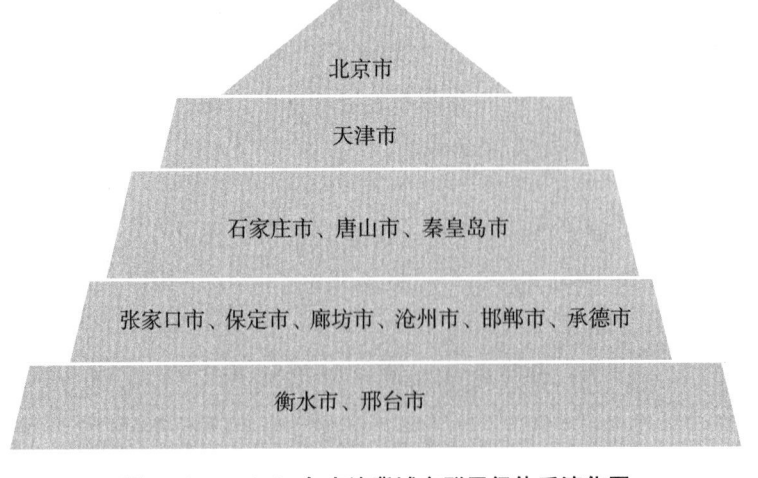

图6-1-6 2010年京津冀城市群层级体系演化图

在2015年京津冀城市群层级体系中，北京市处于第一层级，天津市处于第二层级，石家庄市、唐山市、秦皇岛市等三个城市处于第三层级，保定市、

| 第6章 | 功能分工、经济集聚对城市群空间结构的影响机制

沧州市、廊坊市等三个城市处于第四层级，承德市、张家口市、衡水市、邢台市、邯郸市等五个城市处于第五层级（如图6-1-7所示）。

北京市

天津市

石家庄市、唐山市、秦皇岛市

保定市、沧州市、廊坊市

承德市、张家口市、衡水市、邢台市、邯郸市

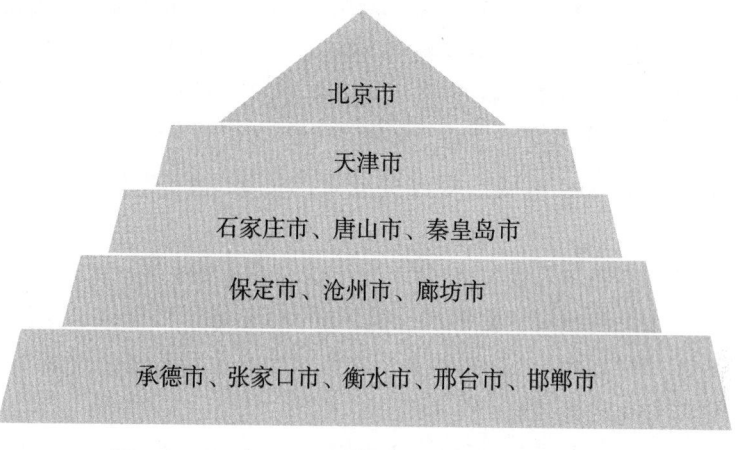

图6-1-7　2015年京津冀城市群层级体系演化图

在2018年京津冀城市群层级体系中，北京市处于第一层级，天津市处于第二层级，石家庄市处于第三层级，保定市、秦皇岛市、沧州市、唐山市、廊坊市、张家口市等六个城市处于第四层级，承德市、衡水市、邢台市、邯郸市等四个城市处于第五层级（如图6-1-8所示）。总体而言，2007—2018年京津冀城市群层级体系呈下沉的趋势。

北京市

天津市

石家庄市

保定市、秦皇岛市、沧州市、唐山市、廊坊市、张家口市

承德市、衡水市、邢台市、邯郸市

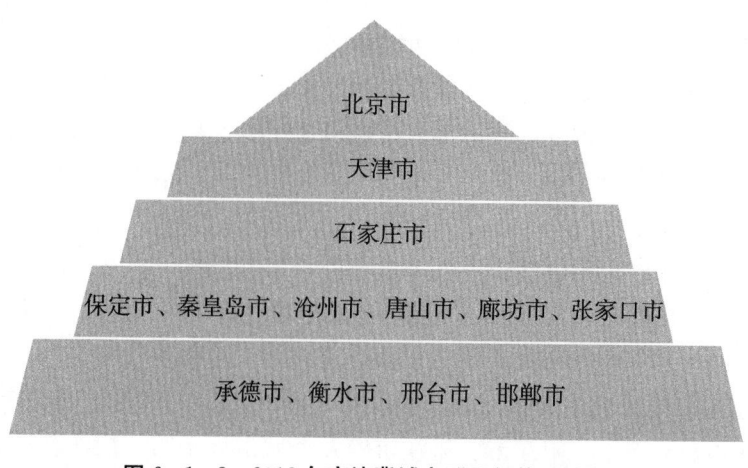

图6-1-8　2018年京津冀城市群层级体系演化图

综上所述，通过对比分析2007—2018年京津冀城市群功能分工、经济集聚、产业同构、层级体系演化图可知：第一，2007—2018年京津冀城市群功能分工的演化趋势不明显，区域分化发展情况严重；第二，2007—2018年京

津冀城市群中石家庄市与廊坊市的经济密度提升最快,实现了层级的跃升;第三,2007—2018年京津冀城市群各城市与核心城市北京的产业同构程度呈下降趋势,区域合作得到发展;第四,2007—2018年京津冀城市群层级体系呈下沉趋势。从上述现象可推知城市群的功能分工、经济集聚会减轻产业同构的程度,进而带动城市层级体系变化。然而,该结论是否成立有待后文进行更科学的分析。

最后,笔者对珠三角城市群相关变量的关系进行以下四个方面的初步探索。

第一,从珠三角城市群功能分工演化的情况来看,在2007年有广州市、东莞市、深圳市、梅州市、揭阳市、汕头市、阳江市、茂名市、湛江市等九个城市功能分工指数均大于1,表明九个城市的生产性服务业相对集中,该地区城市的功能专业化程度较高。

在2010年有广州市、东莞市、深圳市、梅州市、揭阳市、阳江市、湛江市等七个城市功能分工指数均大于1,表明七个城市的生产性服务业相对集中,该地区城市功能专业化程度较高。在2015年有广州市、深圳市、湛江市等三个城市功能分工指数均大于1,表明三个城市生产性服务业相对集中,该地区城市功能专业化程度较高。在2018年有广州市、深圳市、珠海市、湛江市等四个城市功能分工指数均大于1,表明四个城市的生产性服务业相对集中,该地区城市功能专业化程度较高。概括而言,2007—2018年珠三角城市群愈来愈少的城市保持较高程度的功能分工,区域分化发展情况明显。

第二,从珠三角城市群经济集聚的情况来看,在2007年深圳市处于第一层次,广州市、佛山市、东莞市等三个城市处于第二层次,中山市、珠海市、汕头市等三个城市处于第三层次,江门市、惠州市、茂名市、潮州市、揭阳市等五个城市处于第四层次,梅州市、河源市、汕尾市、韶关市、清远市、肇庆市、云浮市、阳江市、湛江市等九个城市处于第五层次。在2010年深圳市处于第一层次,广州市、佛山市、东莞市等三个城市处于第二层次,中山市、珠海市、汕头市等三个城市处于第三层次,江门市、惠州市、茂名市、潮州市、揭阳市等五个城市处于第四层次,梅州市、河源市、汕尾市、韶关市、清远市、肇庆市、云浮市、阳江市、湛江市等九个城市处于第五层次。在2015年深圳市处于第一层次,广州市、佛山市、东莞市等三个城市处于第二层次,中山市、珠海市、汕头市等三个城市处于第三层次,江门市、惠州市、茂名市、潮州市、揭阳市等五个城市处于第四个城层次,梅州市、河源市、汕尾市、韶关市、清远市、肇庆市、云浮市、阳江市、湛江市等九个城市处于第五层次。

在 2018 年深圳市处于第一层次，广州市、佛山市、东莞市等三个城市处于第二层次，中山市、珠海市、汕头市等三个城市处于第三层次，江门市、惠州市、茂名市、潮州市、揭阳市等五个城市处于第四层次，梅州市、河源市、汕尾市、韶关市、清远市、肇庆市、云浮市、阳江市、湛江市等九个城市处于第五层次。显然，2007—2018 年珠三角城市群各城市经济密度变动不大，经济密度层次较固化。

第三，从珠三角城市群各城市与核心城市广州市产业同构的情况来看，2007 年与广州市产业同构最为严重（产业同构系数高于 0.9）的地区为东莞市、深圳市、中山市、珠海市、江门市、佛山市、云浮市、肇庆市、清远市、韶关市、河源市、汕头市、惠州市等十三个城市，与广州市产业同构较为严重（产业同构系数介于 0.8~0.9）的地区有湛江市、汕尾市、潮州市等三个城市。

2010 年与广州市产业同构最为严重的地区为深圳市、中山市、珠海市、江门市、佛山市、云浮市、肇庆市、清远市、韶关市、河源市、汕头市、惠州市等十二个城市，与广州市产业同构较为严重（产业同构系数介于 0.8~0.9）的地区有东莞市、汕尾市、潮州市等三个城市。

2015 年与广州市产业同构最为严重（产业同构系数高于 0.9）的地区为深圳市、珠海市、云浮市、清远市、揭阳市、潮州市等六个城市，与广州市产业同构较为严重（产业同构系数介于 0.8~0.9）的地区有东莞市、汕头市、梅州市、惠州市、中山市、湛江市、江门市、汕尾市、肇庆市、佛山市、韶关市、河源市等十二个城市。

2018 年与广州市产业同构最为严重（产业同构系数高于 0.9）的地区为 0 个，与广州市产业同构较为严重（产业同构系数介于 0.8~0.9）的地区为深圳市、珠海市、江门市、云浮市、肇庆市、清远市、韶关市、河源市、汕头市、汕尾市、揭阳市、潮州市。

整体而言，2007—2018 年珠三角城市群各城市与核心城市广州市的产业同构程度呈下降趋势，区域合作得到发展。

第四，从珠三角城市群层级体系的情况来看，2007 年珠三角城市群层级体系中，广州市处于第一层级，深圳市处于第二层级，汕头市、潮州市、梅州市、河源市、汕尾市、韶关市、清远市、肇庆市、云浮市、江门市、阳江市等十一个城市处于第三层级，佛山市、东莞市、中山市、珠海市等四个城市处于第四层级，茂名市、揭阳市、湛江市等三个城市处于第五层级（如图 6-1-9 所示）。

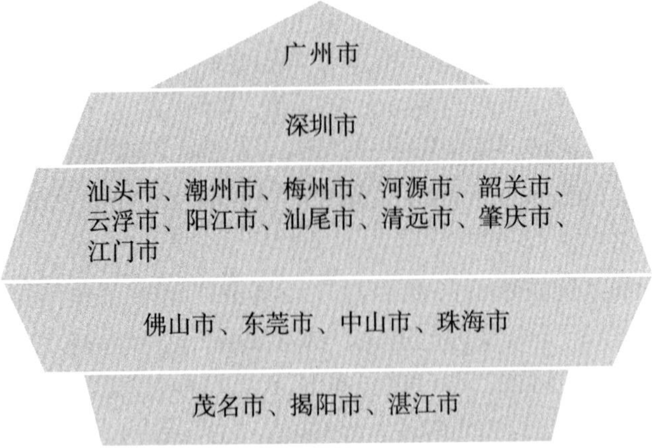

```
        广州市
       深圳市
   汕头市、潮州市、梅州市、河源市、韶关市、
   云浮市、阳江市、汕尾市、清远市、肇庆市、
   江门市
     佛山市、东莞市、中山市、珠海市
       茂名市、揭阳市、湛江市
```

图 6-1-9　2007 年珠三角城市群层级体系演化图

2010 年广州市处于第一层级，深圳市处于第二层级，汕头市、潮州市、梅州市、河源市、韶关市、云浮市、阳江市、汕尾市、清远市、肇庆市、江门市第十一个城市处于第三层级，佛山市、东莞市、中山市、珠海市等四个城市处于第四层级，茂名市、揭阳市、湛江市等三个城市处于第五层级（如图 6-1-10 所示）。

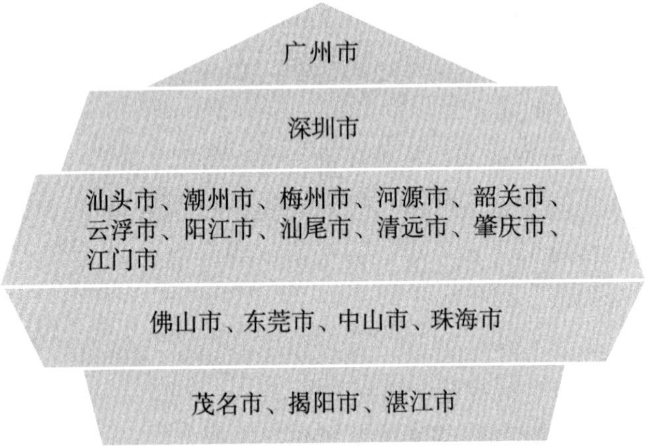

```
        广州市
       深圳市
   汕头市、潮州市、梅州市、河源市、韶关市、
   云浮市、阳江市、汕尾市、清远市、肇庆市、
   江门市
     佛山市、东莞市、中山市、珠海市
       茂名市、揭阳市、湛江市
```

图 6-1-10　2010 年珠三角城市群层级体系演化图

2015 年广州市处于第一层级，深圳市处于第二层级，潮州市、河源市、韶关市、云浮市、中山市、珠海市、阳江市第七个城市处于第三层级，汕头市、汕尾市、清远市、肇庆市、江门市、梅州市、佛山市、东莞市、茂名市、揭阳市等十个城市处于第四层级，湛江市处于第五层级（如图 6-1-11 所示）。

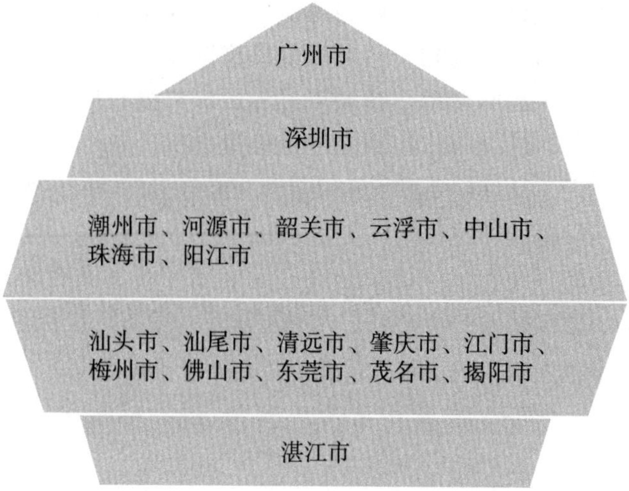

第6章 功能分工、经济集聚对城市群空间结构的影响机制

```
           广州市
          深圳市
    潮州市、河源市、韶关市、云浮市、中山市、
    珠海市、阳江市
    汕头市、汕尾市、清远市、肇庆市、江门市、
    梅州市、佛山市、东莞市、茂名市、揭阳市
           湛江市
```

图 6-1-11　2015 年珠三角城市群层级体系演化图

2018 年广州市处于第一层级，深圳市处于第二层级，潮州市、河源市、韶关市、云浮市、阳江市、汕头市、汕尾市、清远市、肇庆市、江门市、佛山市第十一个城市处于第三层级，东莞市、中山市、珠海市等三个城市处于第四层级，梅州市、茂名市、揭阳市、湛江市等四个城市处于第五层级（如图6-1-12 所示）。总体而言，2007—2018 年珠三角城市群层级体系变动较大。

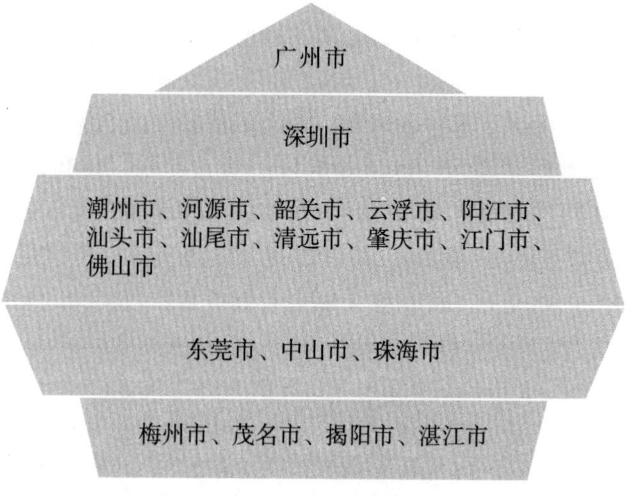

```
           广州市
          深圳市
    潮州市、河源市、韶关市、云浮市、阳江市、
    汕头市、汕尾市、清远市、肇庆市、江门市、
    佛山市
       东莞市、中山市、珠海市
       梅州市、茂名市、揭阳市、湛江市
```

图 6-1-12　2018 年珠三角城市群层级体系演化图

综上所述，通过对比分析 2007—2018 年京津冀城市群的功能分工、经济集聚、产业同构、层级体系演化图可知：第一，2007—2018 年珠三角城市群

中愈来愈少的城市能保持较高程度的功能分工，区域分化发展情况明显；第二，2007—2018年珠三角城市群各城市经济密度变动不大，经济密度层次较固化；第三，2007—2018年珠三角城市群各城市与核心城市广州市的产业同构程度呈下降趋势，区域合作得到发展；第四，2007—2018年珠三角城市群层级体系变动较大。从该现象可推知城市群功能分工、经济集聚会降低产业同构的程度，进而带动城市层级体系发生变化。

通过综合分析长三角、京津冀、珠三角等三大城市群功能分工、经济集聚、产业同构、层级体系的情况来看，功能分工、经济集聚会降低产业同构的程度，进而带动城市层级体系发生变化。然而，该结论成立与否有待后文进行更科学的分析。

6.1.2 理论分析

由于城市群的空间结构的变动是诸多因素造成的结果，其内在运行机制也是复杂的、多样的。故功能分工、经济集聚对城市群空间结构的影响机制也是复杂、多样的。因而，笔者要分析功能分工、经济集聚影响城市群的空间结构变动的机制。

由前述分析可知，一方面，经济集聚与功能分工会直接影响城市群的空间结构的变动；另一方面，经济集聚与功能分工会影响城市之间的产业同构，进而影响城市层级体系的变化与城市群空间结构的演变。具体来看，经济集聚的过程体现了城市群集聚力与扩散力之间的较量，在发展初期，城市经济集聚多呈集聚效应，各城市之间的无序竞争使得产业发展缺乏协同发展能力，致使产业同构现象严重；在接下来一段时期，城市经济集聚又会呈明显扩散效应，各城市之间沟通交流逐渐增多，区域协同发展能力增强，使得产业同构现象减轻。各城市产业同构使得各城市之间竞争加剧，使得城市群内各城市层级体系发生变动（如图6-1-13所示）。城市群的功能分工的实质就是产业链在不同城市之间的分工，功能分工的增强无疑会有效缓解产业同构问题。

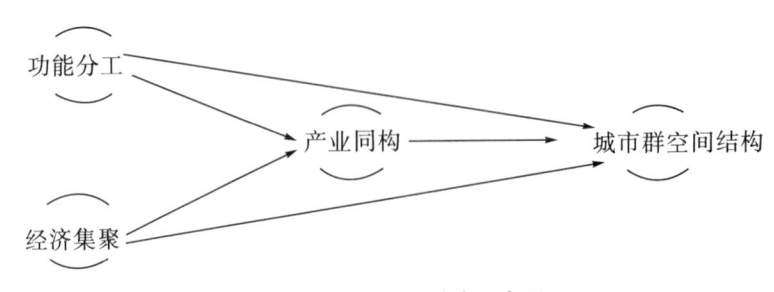

图6-1-13　中介效应示意图

层级体系与城市群空间结构好比一个硬币的正反两面。正如梁琦、陈强远、王如玉（2013）指出符合齐夫"等级－规模"法则的城市规模分布是最优的城市群空间结构状态，在该法则下城市层级体系呈"金字塔型"，也是最具有帕累托效率的资源空间配置状态。赵渺希、钟烨、徐高峰（2015）具体研究了长三角、京津冀、珠三角等三大城市群的多中心性与层级体系，认为三大典型城市群的多中心程度在增强的同时，城市体系的层级性也有增强的趋势。张珣、陈健璋、黄金川等（2017）明确用了空间聚类分析方法对京津冀城市群的层级体系进行了划分，并对京津冀城市群空间结构进行了分析。李秋丽（2017）利用长江中游城市群信息流数据，测算了长江中游城市群各层级城市分布呈的"纺锤型"，这也使得长江中游城市群的内集聚现象严重、极化效应显著。王钊、杨山、龚富华等（2017）以呈多中心性发展的长三角城市群为例，指出在这样的城市群空间结构背景下，中间层级的城市数量较多。王少剑、高爽、王宇渠（2019）以珠三角城市群为例，明确指出珠三角城市群呈明显单极化态势，但是随着广州、深圳、东莞、佛山、中山等不同城市层级变动、优化，珠三角城市群的扩散效应会愈加显著，城市群的空间结构也会得到优化，城市层级体系的变动实质上体现了城市群空间结构的演变。

6.2 功能分工、经济集聚对空间结构的中介效应

6.2.1 模型构建与数据来源

前面章节笔者通过对影响因素分析及实证检验发现：城市群经济集聚与功能分工是城市群空间结构朝向多中心发展的重要影响因素。但是，功能分工影响城市群空间结构多中心性的路径何在？经济集聚影响城市群空间结构多中心性的路径何在？因此，下面笔者进一步考察功能分工、经济集聚影响城市群空间结构多中心性的路径。由理论分析可知，功能分工、经济集聚会影响城市群城市之间的产业同构，进而影响城市层级体系，从而对城市群中心性的空间结构产生影响，对各效应的存在性进行检验。为了检验此效应的显著性，本书建立的中介效应模型如下：

$$UH_i = C + \alpha Function_i + \theta X_i + \varepsilon_i$$
$$IIm_{it} = C + \beta Function_i + \theta X_i + \varepsilon_i$$
$$UH_i = C + \gamma Function_i + \lambda IIm_i + \theta X_i + \varepsilon_i$$

其中，i 代表不同的地区；C 为个体固定效应，ε 为随机扰动项；X 为一

组控制变量；IIM 为中介变量（产业同构），以产业同构系数进行衡量。具体而言，控制变量包括人均国内生产总值、常住人口规模、居民储蓄规模、人口流动比率、人口密度、小学在校学生数。为了消除量纲对模型估计结果的影响，对人均国内生产总值、常住人口规模、居民储蓄规模、人口密度、小学在校学生数等变量采取自然对数的做法。

在中介效应模型中，第一步，通过检验 α 的显著性（李刚，2020），笔者可以判断是按照中介效应立论还是按照遮掩效应立论；当 α 显著时，应该按照中介效应立论；当 α 不显著时，则应该按照遮掩效应立论。第二步，检验 β 与 λ 的显著性，当 β 与 λ 二者均显著时，需要再进行第三步；当 β 与 λ 二者至少有一个不显著时，则需要做 Sobel 检验，检验结果显著则为中介效应显著，否则中介效应不显著。第三步，检验间接效应 γ 的显著性；当 γ 显著时为部分中介效应，当 γ 不显著时则为完全中介效应。

6.2.1.1 层级体系

采用综合指标方法计算三大城市群空间层级性，根据数据的可得性，本书选取了地区生产总值、经济密度、年末户籍人口、人均工资水平、财政支出、人口自然增长率、居民储蓄额、商品消费额、第三产业比重等九个指标。笔者通过因子分析与聚类分析方法综合测算三大城市群的空间层级性。

采用因子分析方法进行计算，得到九大因子的贡献率（见表6-2-1）。Kaiser-Meyer-Olkin 度量值为 0.763，Bartlett 的球形度检验通过了 1.00% 的显著性检验，表明其结果是可靠的。从表 6-2-1 的计算结果可知，公因子1与公因子2前两个公因子的累计贡献率已经达到 85.85%，超过了 75.00%。一般而言，如果累计贡献率在 75.000%~85.000%，则说明所选取的公因子可以很好地说明和解释问题，所以本书选取前两个公因子对长三角城市群的发展进行分析。

表 6-2-1 长三角城市群因子分析

成分	初始特征值		
	合计	方差的（%）	累积（%）
公因子1	6.530	72.556	72.556
公因子2	1.197	13.300	85.855
公因子3	0.623	6.918	92.773
公因子4	0.349	3.878	96.652
公因子5	0.202	2.248	98.899

续表6-2-1

成分	初始特征值		
	合计	方差的（%）	累积（%）
公因子6	0.050	0.558	99.457
公因子7	0.037	0.407	99.864
公因子8	0.009	0.103	99.967
公因子9	0.003	0.033	100.000

通过对旋转后的因子载荷矩阵进行分析可知（见表6-2-2），公因子1在地区生产总值、经济密度、财政支出、居民储蓄额、商品消费额等方面具有优势；因此，公因子1得分较高的城市在这些方面具有较强的辐射能力，处于城市群层级中的高级地位，是城市群的中心城市，具有带动周围地区发展的动力。公因子2在人口自然增长率等方面具有优势；因此，公因子2得分较高的城市处于城市群层级中的低级地位，是城市群的外围城市。

表6-2-2 长三角城市群旋转因子载荷矩阵

指标	成分	
	公因子1	公因子2
地区生产总值	0.980	-0.052
经济密度	0.933	-0.188
年末户籍人口	0.801	0.152
人均工资水平	0.830	-0.104
财政支出	0.967	0.027
人口自然增长率	-0.259	0.910
居民储蓄额	0.985	0.045
商品消费额	0.994	0.009
第三产比重	0.640	0.543

笔者可以得到各个地区的因子得分，由此可知上海市的公因子1得分是4.2882，说明上海市在长三角城市群中其辐射能力处于领先地位，是长三角城市群的增长极。在公因子2得分方面，安徽省合肥市得分较高，为2.4383，是长三角地区典型的外围城市。通过运用SPSS统计软件，进行分类计数可以得出分类谱系图（如图6-2-1所示）。2007—2018年的因子分析结果类似，此处不再赘述。

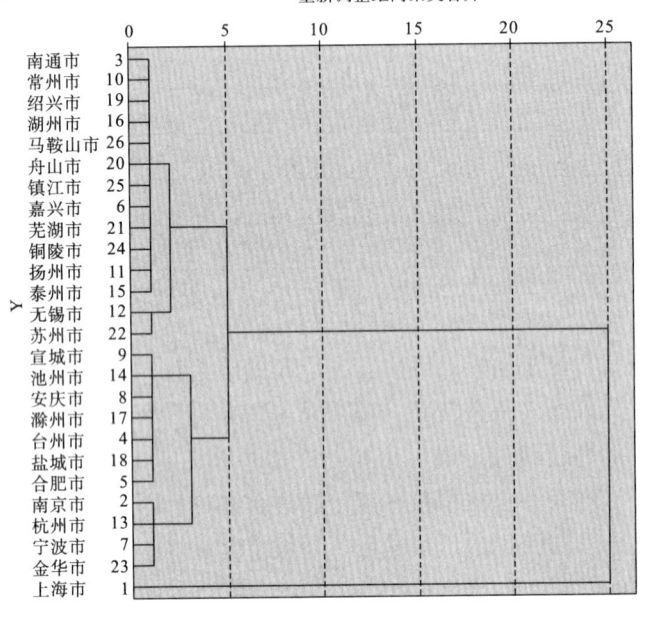

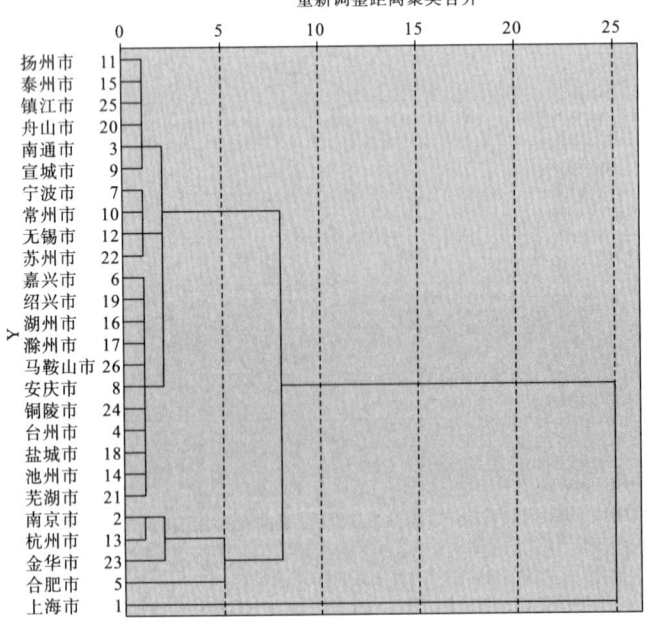

图 6−2−1 长三角城市群 2007 年与 2018 年聚类树状图

| 第6章 | 功能分工、经济集聚对城市群空间结构的影响机制

笔者通过对长三角城市群各地区分布谱系图进行分析，可以将2007年长三角城市群划分为五个层级，第一层级为上海市，第二层级为南京市、杭州市，第三层级为南通市、嘉兴市、宁波市、常州市、扬州市、无锡市、泰州市、湖州市、绍兴市、舟山市、苏州市、铜陵市、镇江市、马鞍山市，第四层级为台州市、安庆市、宣城市、池州市、滁州市、盐城市、芜湖市、金华市，第五层级为合肥市。

同理，2018年长三角城市群划分为五个层级：第一层级为上海市，第二层级为南京市、杭州市、金华市，第三层级为南通市、宣城市、扬州市、泰州市、湖州市、绍兴市、舟山市、镇江，第四层级为嘉兴市、宁波市、安庆市、常州市、无锡市、台州市、池州市、湖州市、苏州市、滁州市、盐城市、芜湖市、马鞍山市、金华市，第五层级为合肥市。

由此可知，2007—2018年，长三角城市群城市层级体系的流动性逐渐加强。

针对京津冀城市群，从下表（见表6-2-3）的计算结果可知，Kaiser-Meyer-Olkin度量值为0.867，Bartlett的球形度检验通过了1.00%显著性检验，表明结果是可靠的。公因子1的贡献率为86.827%，超过了75.000%。一般而言，如果累计贡献率在75.000%~85.000%，则说明所选取的公因子可以很好地说明和解释问题，所以笔者选取前一个公因子对京津冀城市群的发展进行分析。

表6-2-3 京津冀城市群因子分析

成分	初始特征值		
	合计	方差（%）	累积（%）
公因子1	6.946	86.827	86.827
公因子2	0.631	7.891	94.718
公因子3	0.313	3.914	98.633
公因子4	0.058	0.726	99.359
公因子5	0.038	0.469	99.827
公因子6	0.008	0.103	99.931
公因子7	0.003	0.031	99.961
公因子8	0.002	0.022	99.983
公因子9	0.002	0.017	100.000

笔者可以得到京津冀城市群各个地区的因子得分，由此可知北京市的公因

子1得分是2.97676，这说明北京市在京津冀城市群中其辐射能力处于领先地位，是京津冀城市群的增长极。通过运用SPSS统计软件进行分类计数，可以得出其分类谱系图（如图6-2-2所示）。

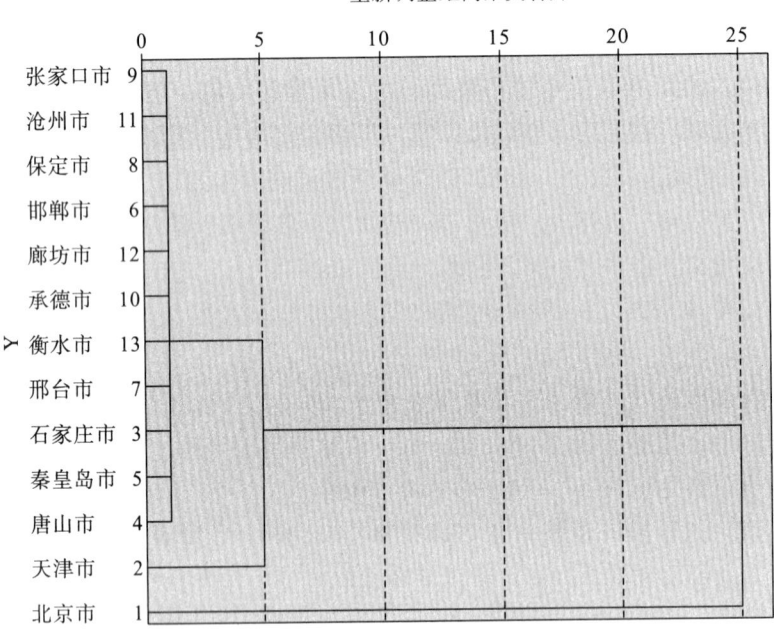

使用平均联接（组间）的树状图
重新调整距离聚类合并

图6-2-2 京津冀城市群2007年聚类树状图

通过对京津冀城市群各地区分布谱系图的分析可知，可以将2007年京津冀城市群划分为五个层级。按照城市分布谱系图的划分方法，第一层级为北京市，第二层级为天津市，第三层级为石家庄市、唐山市、秦皇岛市，第四层级为邯郸市、保定市、张家口市、沧州市、廊坊市，第五层级为邢台市、承德市、衡水市。同理，可以将2018年京津冀城市群划分为五个层级。

按照城市分布谱系图的划分方法，第一层级为北京市，第二层级为天津市，第三层级为石家庄市，第四层级为唐山市、秦皇岛市、保定市、张家口市、沧州市、廊坊市，第五层级为邢台市、邯郸市、承德市、衡水市。京津冀城市群的层级体系存在变动（如图6-2-3所示）。

使用平均联接（组间）的树状图
重新调整距离聚类合并

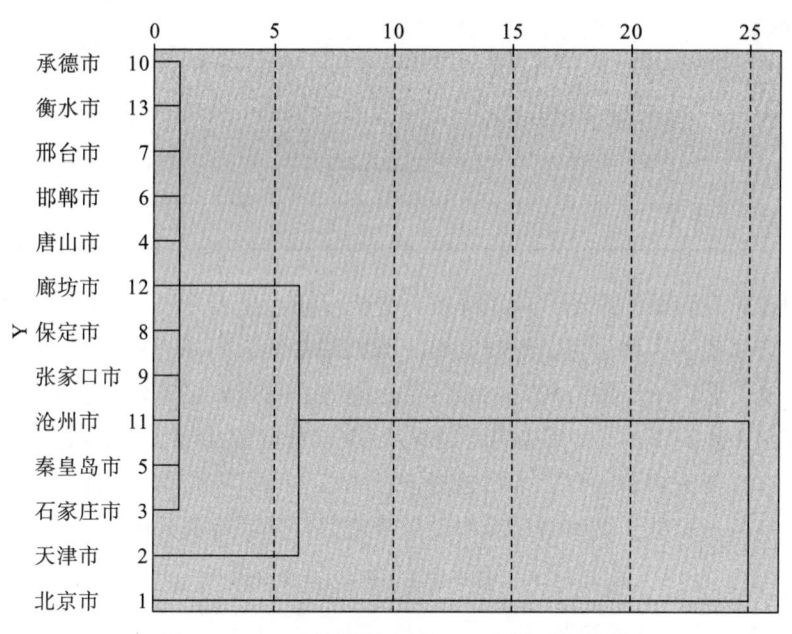

图 6－2－3　京津冀城市群 2018 年聚类树状图

针对珠三角城市群，从表 6－2－4 的计算结果可知，Kaiser－Meyer－Olkin 度量值为 0.743，Bartlett 的球形度检验通过了 1.00% 的显著性检验，表明其结果是可靠的。从表的计算结果可知，公因子 1 的贡献率为 68.126%，公因子 2 的贡献率为 14.095%，前两个公因子的累计贡献率已经达到 82.221%，超过了 75.000%。一般而言，如果累计贡献率在 75.000%～85.000%，则说明选取的公因子可以很好地说明和解释问题，所以笔者选取前两个公因子对珠三角城市群的发展进行分析。

表 6－2－4　珠三角城市群因子分析

成分	初始特征值		
	合计	方差（%）	累积（%）
公因子 1	6.131	68.126	68.126
公因子 2	1.269	14.095	82.221
公因子 3	1.044	11.600	93.821
公因子 4	0.323	3.589	97.410
公因子 5	0.110	1.225	98.635

续表6-2-4

成分	初始特征值		
	合计	方差（%）	累积（%）
公因子6	0.096	1.072	99.706
公因子7	0.019	0.208	99.914
公因子8	0.006	0.062	99.976
公因子9	0.002	0.024	100.000

通过对旋转后的因子载荷矩阵进行分析可知（见表6-2-5），公因子1在地区生产总值、人均工资、财政支出、居民储蓄额、商品消费额等方面具有优势；因此，公因子1得分较高的城市在这些方面具有较强的辐射能力，处于城市群层级中的高级地位，是城市群中心城市，具有带动周围地区发展的动力。公因子2在年末户籍人口、人口自然增长率等方面具有优势；因此，公因子2得分较高的城市处于城市群层级中的低级地位，是城市群外围城市。

表6-2-5 珠三角城市群旋转因子载荷矩阵

指标	成分	
	公因子1	公因子2
地区生产总值	0.983	0.087
经济密度	0.856	−0.174
年末户籍人口	0.017	0.916
人均工资	0.940	−0.171
财政支出	0.972	0.122
人口自然增长率	0.046	0.546
居民储蓄额	0.968	0.143
商品消费额	0.959	0.206
第三产比重	0.846	0.124

笔者可以得到珠三角城市群各个地区的公因子得分，可知广州市、深圳市的公因子1得分分别是2.208、2.793，说明广州市、深圳市在珠三角城市群中其辐射能力处于领先地位，是珠三角城市群的增长极。在公因子2得分方面，揭阳市得分较高，为1.59581，是珠三角地区典型的外围城市。通过运用SPSS统计软件，进行分类计数，可以得出聚类树状图（如图6-2-4所示）。

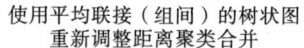

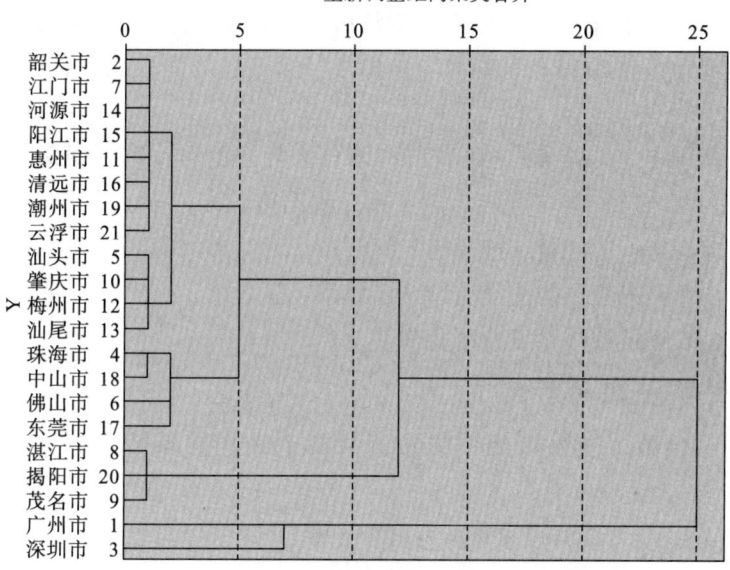

| 第6章 | 功能分工、经济集聚对城市群空间结构的影响机制

图 6-2-4　珠三角城市群 2007 年聚类树状图

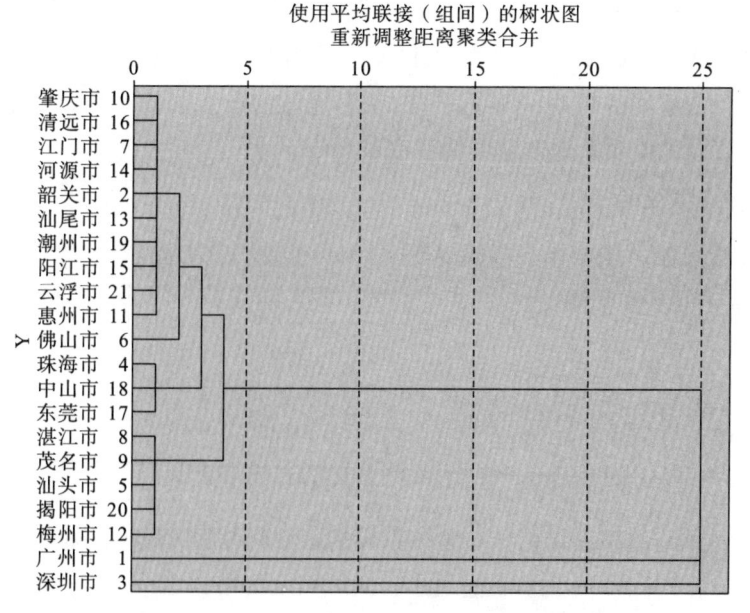

图 6-2-5　珠三角城市群 2018 年聚类树状图

通过对珠三角城市群各地区分布谱系图的分析，可以将 2007 年珠三角城市群划分为五个层级。按照城市分布谱系图的划分方法，第一层级为广州

市，第二层级为深圳市，第三层级为韶关市、汕头市、江门市、肇庆市、惠州市、梅州市、汕尾市、河源市、阳江市、清远市、潮州市、云浮市，第四层级为珠海市、佛山市、东莞市、中山市，第五层级为湛江市、茂名市、揭阳市。

同理，可将2018年珠三角城市群划分为五个层级：第一层级为广州市，第二层级为深圳市，第三层级为韶关市、佛山市、江门市、肇庆市、惠州市、汕尾市、河源市、阳江市、清远市、潮州市、云浮市，第四层级为珠海市、东莞市、中山市，第五层级为汕头市、湛江市、茂名市、梅州市、揭阳市。珠三角城市群的城市层级体系发生了相应变动。

6.2.1.2 产业同构系数

采用联合国工业发展组织方法来计算产业同构系数（郝良峰，邱斌，2016；付强，2017）：

$$S_{ij} = \frac{\sum_{k=1}^{n} X_{ik} X_{jk}}{\sqrt{\sum_{k=1}^{n} X_{ik}^2 \sum_{k=1}^{n} X_{jk}^2}}$$

其中，X_{ik}、X_{jk} 即代表 i，j 地区 k 行业特征值（从业人员、产值等）的比重，k 代表不同的行业；S_{ij} 即代表 i，j 地区的产业同构系数，其值在0到1之间，值越大说明两地产业同构程度越严重。

6.2.1.3 城市空间结构

采用史雅娟、朱永彬、冯德显等（2012）方法，构建集聚－碎化指数，度量城市群空间结构（SS）：

$$y_i = \frac{x_i}{\sum_{i=1}^{n} x_i}$$

$$I = \sum_{i=1}^{n} \sqrt{y_i}$$

x_i 为区域 i 的某一指标；y_i 为该指标的区域 i 占比情况；I 即为碎化指数；$I \in [1, n]$，当 $y_i = 1$ 时，I 值最小，区域高度集中；当 $y_1 = y_2 = \cdots = y_n$ 时，I 值最大，区域绝对均匀。

6.2.2 功能分工的中介效应

由于构建模型所用的数据是面板数据，笔者需要对原模型的固定效应及随机效应进行筛选；由豪斯曼检验可知，卡方值为11.26，其P值为0.2582，因此，在5.00%的显著性水平下，笔者无法拒绝原假设，故模型选择随机效应。

第一步，通过检验α的显著性，笔者可以判断是按照中介效应立论还是按照遮掩效应立论；由三大城市群功能分工的中介效应分析估计结果可知（见表6－2－6），功能分工对层级体系的影响系数为－0.181，且其在5.00%的显著性水平下显著，依据此结果显示应按照中介效应立论。第二步，检验β与λ的显著性，功能分工对产业同构的影响系数在5.00%的显著性水平下显著为0.021，产业同构对层级体系的影响系数在5.00%的显著性水平下显著为－0.863；总体而言β与λ间的乘积效应为负。第三步，检验间接效应γ的显著性；功能分工对层级体系的间接影响系数在5.00%的显著性水平下显著为－0.182，且其与第二步的乘积效应符号相同，表明模型存在显著的中介效应；功能分工能通过影响产业同构，进而影响层级体系。

表6－2－6 城市群功能分工的中介效应分析（三大城市群）

变量	第一步	第二步	第三步
	层级体系	产业同构	层级体系
功能分工	－0.181** (0.090)	0.021** (0.010)	－0.182** (0.089)
产业同构	—	—	－0.863** (0.347)
控制变量	YES	YES	YES
样本量	711	711	711
调整后R^2	0.2104	0.1170	0.3132

注：括号内为标准误，*** $P<0.01$，** $P<0.05$，* $P<0.10$。

笔者进一步以分样本来具体考察长三角、京津冀、珠三角三大城市群功能分工对城市群的空间结构的影响机制。

首先，笔者考察长三角城市群功能分工对城市群空间结构的影响机制。第一步，通过检验α的显著性，笔者可以判断是按照中介效应立论还是按照遮掩效应立论；由长三角城市群功能分工的中介效应分析估计结果（见表6－2－7）可知，功能分工对层级体系的影响系数为－0.273，且其在1.00%的显著性水平下显著，依据此结果显示应按照中介效应立论。第二步，检验β与λ的显著性；功能分工对产业同构的影响系数在1.00%的显著性水平下显著为0.044，产业同构对层级体系的影响系数在5.00%的显著性水平下显著为−0.083;总体而言β与λ间的乘积效应为正。第三步,检验间接效应γ的显著性;功能分工对层级体系的间接影响系数在5.00%的显著性水平下显著为−0.262,且其与第二步的乘积效应相同,表明模型存在显著的中介效应;即长三角城市群功能分工会通过影响产业同构,进而影响到层级体系。

表6-2-7 长三角城市群功能分工的中介效应分析

变量	第一步 层级体系	第二步 产业同构	第三步 层级体系
功能分工	−0.273*** (0.104)	0.044*** (0.016)	−0.262*** (0.106)
产业同构	—	—	−0.083** (0.019)
控制变量	YES	YES	YES
样本量	117	117	117
调整后R^2	0.202	0.561	0.223

注:括号内为标准误,*** $P<0.01$,** $P<0.01$,* $P<0.10$。

其次,笔者考察京津冀城市群功能分工对空间结构的影响机制。第一步,通过检验α的显著性,笔者可以判断是按照中介效应立论还是按照遮掩效应立论;由京津冀城市群功能分工的中介效应分析估计结果可知(见表6-2-8),功能分工对层级体系的影响系数为−0.658,且其在1.00%的显著性水平下显著,依据此结果显示应按照中介效应立论。第二步,检验β与λ的显著性;功能分工对产业同构的影响系数在1.00%的显著性水平下显著为0.125,产业同构对层级体系的影响系数在1.00%的显著性水平下显著为−3.357;总体而言β与λ间的乘积效应为负。第三步,检验间接效应γ的显著性;功能分工对层级体系的间接影响系数在5.00%的显著性水平下不显著,表明模型存在完全中介效应;京津冀城市群功能分工会通过影响产业同构,进而影响层级体系。

表6-2-8 京津冀城市群功能分工的中介效应分析

变量	第一步 层级体系	第二步 产业同构	第三步 层级体系
功能分工	−0.658*** (0.203)	0.125*** (0.010)	−0.355 (0.223)

续表6-2-8

变量	第一步 层级体系	第二步 产业同构	第三步 层级体系
产业同构	—	—	-3.357*** (1.223)
控制变量	YES	YES	YES
样本量	154	154	154
调整后 R^2	0.9113	0.9275	0.9550

注：括号内为标准误，*** $P<0.01$，** $P<$，* $P<0.10$。

最后，笔者考察珠三角城市群功能分工对空间结构的影响机制。第一步，通过检验 α 的显著性，笔者可以判断是按照中介效应立论还是按照遮掩效应立论；由珠三角城市群功能分工的中介效应分析估计结果（见表6-2-9）可知，功能分工对层级体系的影响系数为-0.205，且其在10.00%的显著性水平下显著，依据此结果显示应按照中介效应立论。第二步，检验 β 与 λ 的显著性；功能分工对产业同构的影响系数在10.00%的显著性水平下显著为-0.021，产业同构对层级体系的影响系数在1.00%的显著性水平下显著为-2.801；总体而言 β 与 λ 间的乘积效应为正。第三步，检验间接效应 γ 的显著性；功能分工对层级体系的间接影响系数在5.00%的显著性水平下不显著，表明模型存在完全中介效应；即珠三角城市群功能分工会通过影响产业同构，进而影响到层级体系。

综上所述，长三角城市群功能分工对城市层级体系存在部分中介效应，京津冀、珠三角城市群功能分工对城市层级体系存在完全中介效应；总而言之，城市群功能分工对层级体系存在显著的中介效应。

表6-2-9 珠三角城市群功能分工的中介效应分析

变量	第一步 层级体系	第二步 产业同构	第三步 层级体系
功能分工	-0.205* (0.104)	-0.021* (0.012)	-0.285 (0.183)
产业同构	—	—	-2.801*** (1.005)
控制变量	YES	YES	YES
样本量	245	245	245
调整后 R^2	0.1694	0.0113	0.5060

注：括号内为标准误，*** $P<0.01$，** $P<0.05$，* $P<0.10$。

6.2.3 经济集聚的中介效应

由于构建模型所用的数据是面板数据，笔者需要对原模型的固定效应及随机效应进行筛选；由豪斯曼检验可知，卡方值为25.25，其 P 值为0.14，因此，在5.00%的显著性水平下，笔者无法拒绝原假设，故模型选择随机效应，相关估计结果见表6-3-9。

第一步，通过检验 α 的显著性，笔者可以判断是按照中介效应立论还是按照遮掩效应立论；由三大城市群经济集聚的中介效应分析估计结果可知（见表6-2-10），经济集聚对层级体系的影响系数为-0.190，且其在5.00%的显著性水平下显著，依据此结果显示应按照中介效应立论。

第二步，检验 β 与 λ 的显著性；经济集聚对产业同构的影响系数在1.00%的显著性水平下显著为0.041，产业同构对层级体系的影响系数在1.00%的显著性水平下显著为-0.937；总体而言 β 与 λ 间的乘积效应为负。

第三步，检验间接效应 γ 的显著性；经济集聚对层级体系的间接影响系数在5.00%的显著性水平下不显著，表明模型存在显著的完全中介效应；经济集聚会通过影响产业同构，进而影响层级体系。

表6-2-10 三大城市群经济集聚的中介效应分析

变量	第一步 层级体系	第二步 产业同构	第三步 层级体系
经济集聚	-0.190** (0.092)	0.041*** (0.010)	-0.124 (0.084)
产业同构	—	—	-0.937*** (0.352)
控制变量	YES	YES	YES
样本量	711	711	711
调整后 R^2	0.1431	0.1344	0.2889

注：括号内为标准误，*** $P<0.01$，** $P<0.05$，* $P<0.10$。

笔者进一步以分样本来具体考察长三角、京津冀、珠三角等三大城市群经济集聚对城市群空间结构的影响机制。

首先，笔者考察长三角城市群经济集聚对城市群空间结构的影响机制。第一步，通过检验 α 的显著性，笔者可以判断是按照中介效应立论还是按照遮掩效应立论；由长三角城市群经济集聚的中介效应分析估计结果可知（表6-2-11），经济集聚对层级体系的影响系数为-0.290，且其在1.00%的显著性水平下显著，依据此结果显示应按照中介效应立论。第二步，检验 β 与 λ 的显著性；经济集聚对产业同构的影响系数在 1.00% 的显著性水平下显著为 0.095，产业同构对层级体系的影响系数在 10.00% 的显著性水平下显著为 -0.059；总体而言 β 与 λ 间的乘积效应为负。第三步，检验间接效应 γ 的显著性；经济集聚对层级体系的间接影响系数在 5.00% 的显著性水平下显著为 -0.299，且其与第二步的乘积效应符号相同，表明模型存在显著的中介效应；长三角城市群的经济集聚会通过影响产业同构，进而影响到层级体系。

表 6-2-11　长三角城市群经济集聚的中介效应分析

变量	第一步	第二步	第三步
	层级体系	产业同构	层级体系
经济集聚	-0.290^{***} (0.111)	0.095^{***} (0.016)	-0.299^{**} (0.118)
产业同构	—	—	-0.059^{*} (0.032)
控制变量	YES	YES	YES
样本量	312	312	312
调整后 R^2	0.6350	0.2896	0.6289

注：括号内为标准误，$^{***}P<0.01$，$^{**}P<0.05$，$^{*}P<0.10$。

其次，笔者考察京津冀城市群经济集聚的影响机制。第一步，通过检验 α 的显著性，笔者可以判断是按照中介效应立论还是按照遮掩效应立论；由京津冀城市群经济集聚的中介效应分析估计结果可知（见表 6-2-12），经济集聚对层级体系的影响系数为 -0.393，且其在 1.00% 的显著性水平下显著，依据此结果显示应按照中介效应立论。第二步，检验 β 与 λ 的显著性；经济集聚对产业同构的影响系数在 5.00% 的显著性水平下显著为 0.018，产业同构对层级体系的影响系数在 1.00% 的显著性水平下显著为 -3.546；总体而言 β 与 λ 间的乘积效应为负。第三步，检验间接效应 γ 的显著性；经济集聚对层级体系的间接影响系数在 1.00% 的显著性水平下显著为 -0.326，且其与第二步的乘积效应符号相同，表明模型存在显著的中介效应；京津冀城市群的经济集聚会通过影响产业同构，进而影响到层级体系。

表 6-2-12　京津冀城市群经济集聚的中介效应分析

变量	第一步 层级体系	第二步 产业同构	第三步 层级体系
经济集聚	-0.393*** (0.123)	0.018** (0.008)	-0.326*** (0.127)
产业同构	—	—	-3.546*** (1.130)
控制变量	YES	YES	YES
样本量	154	154	154
调整后 R^2	0.7990	0.6850	0.9037

注：括号内标准误；*** $P<0.01$, ** $P<0.05$, * $P<0.10$。

最后，笔者考察珠三角城市群经济集聚的影响机制。第一步，通过检验 α 的显著性，笔者可以判断是按照中介效应立论还是按照遮掩效应立论；由珠三角城市群经济集聚的中介效应分析估计结果可知（见表 6-2-13），经济集聚对层级体系的影响系数为-0.149，且其在5.00%的显著性水平下显著，依据此结果显示应按照中介效应立论。第二步，检验 β 与 λ 的显著性；经济集聚对产业同构的影响系数在10.00%的显著性水平下显著为0.007，产业同构对层级体系的影响系数在1.00%的显著性水平下显著为-2.871；总体而言，β 与 λ 间的乘积效应为负。第三步，检验间接效应 γ 的显著性；经济集聚对层级体系的间接影响系数在5.00%的显著性水平下不显著，表明模型存在显著的完全中介效应；珠三角城市群的经济集聚会通过影响产业同构，进而影响到层级体系。

表 6-2-13　珠三角城市群经济集聚的中介效应分析

变量	第一步 层级体系	第二步 产业同构	第三步 层级体系
经济集聚	-0.149** (0.064)	0.007* (0.004)	0.184 (0.150)
产业同构	—	—	-2.871*** (0.992)
控制变量	YES	YES	YES
样本量	245	245	245
调整后 R^2	0.2535	0.0555	0.5811

注：括号内为标准误，*** $P<0.01$, ** $P<0.05$, * $P<0.10$。

综上所述，长三角、京津冀城市群经济集聚对城市层级体系存在部分中介效应，珠三角城市群经济集聚对城市层级体系存在完全中介效应；总而言之，经济集聚对层级体系存在显著的完全中介效应。

整体而言，功能分工、经济集聚对城市层级体系均存在显著的中介效应；分城市群来看，这一结论也均在长三角城市群、京津冀城市群、珠三角城市群成立；经济集聚、功能分工对城市群空间结构的影响机制得以检验。

6.3　本章小结

为了找到一个城市群功能分工、经济集聚对城市群的空间结构变动影响的合理解释，本章从理论分析着手，提出了功能分工、经济集聚不仅会对城市群空间结构产生直接影响，还可能通过影响城市间产业同构的情况，进而间接影响城市群空间结构变动。为了检验这一机制的存在性，本章首先从经验事实出发，分析研究了2007—2018年三大城市群功能分工、经济集聚、产业同构、城市群空间结构的具体情况；其次，构建了中介效应模型，实证检验了经济集聚会影响产业同构，进而影响城市群的空间结构，且功能分工又会影响产业同构，进而影响城市群的空间结构。

笔者指出长三角城市群功能分工对城市层级体系存在部分中介效应，京津冀、珠三角城市群功能分工对城市层级体系存在完全中介效应；总而言之，城市群功能分工对层级体系存在显著的中介效应。长三角、京津冀城市群经济集聚对城市层级体系存在部分中介效应，珠三角城市群经济集聚对城市层级体系存在完全中介效应；经济集聚对层级体系存在显著的完全中介效应。三大城市群经济集聚、功能分工对城市群空间结构均存在显著的中介效应。

第7章 基于功能分工与经济集聚空间效应的城市群空间结构识别

7.1 经验事实、理论分析与相关假说

7.1.1 经验事实

为了探讨城市群功能分工、经济集聚的空间效应，笔者对三大城市群的功能分工指数、经济集聚指数、人口流动指标等变量做了相应的分位图，进行变量关系的初步探索。

首先，笔者对长三角城市群相关变量的关系进行初步探索。2015年长三角城市群各城市区域中功能分工较好的地区有上海市市辖区、崇明县，南京市市辖区、杭州市市辖区、合肥市市辖区，宁波市市辖区、金华市市辖区、镇江市市辖区、滁州市市辖区、安庆市市辖区、兴化县等，整体占比较少。[①]

从长三角城市群经济集聚的情况来看，经济密度位于第一层次的地区有上海市市辖区、昆山市、无锡市市辖区、合肥市市辖区，第二层次的地区有苏州市市辖区、常熟市、太仓市、张家港市、常州市市辖区、镇江市市辖区、南京市市辖区、杭州市市辖区、宁波市市辖区。整体而言，经济密度较高的地区多呈集聚状态。

从长三角城市群人口流动的情况来看，区域内人口流入、流出的城市数量相当，人口流入率达到50%以上的地区为昆山市与义乌市，人口流入率在20%~40%的地区有上海市市辖区、苏州市市辖区、常熟市、无锡市市辖区、

---

① 关于三大城市群的边界问题在后文有相关探讨，这里需要说明的是由于县改区等行政区划调整，城市边界会有一定变动，但本书仍采用2015年行政区划办法进行分析研究，如今上海市崇明区仍作上海市崇明县，后文不再一一出注。

常州市市辖区、江阴市、杭州市市辖区、海宁市、宁波市市辖区等。整体而言，人口净流入的地区位于区域内的发展带上。长三角城市群人口流入、经济集聚、功能分工之间存在千丝万缕般的联系，其内在机制尚待深入研究。

其次，笔者对京津冀城市群相关变量的关系进行初步探索。2015年，京津冀城市群各城市区域中功能分工较好的地区有北京市市辖区、密云县，石家庄市市辖区、赤城县、怀来县，张家口市市辖区、宜化县、万全县等，整体占比较少且多在北京市周围分布。

从京津冀城市群经济集聚的情况来看，经济密度位于第一层次的地区有廊坊市市辖区、沧州市市辖区、石家庄市市辖区，第二层次的地区有北京市市辖区、天津市市辖区、邯郸市市辖区等。整体而言，经济密度较高的地区多呈集聚状态，且区域中心城市北京市、天津市并不是经济密度最高的地区。

从京津冀城市群人口流动的情况来看，区域内少数区域为人口净流入，大多数区域呈现人口流出状态。人口流入的主要区域为北京市市辖区与天津市市辖区。整体而言，京津冀城市群内人口极化效应显著。京津冀城市群人口流入、经济集聚、功能分工之间存在千丝万缕般的联系。城市群内的极化效应明显，其内在机制尚待深入研究。

最后，笔者对珠三角城市群相关变量的关系进行初步探索。2015年珠三角城市群各城市区域中功能分工较好的地区有广州市市辖区、深圳市市辖区，珠海市市辖区、龙门县、新丰县、仁化县、浙丰县等，整体占比较少。

进一步，从珠三角城市群经济集聚的情况来看，经济密度位于第一层次的地区有深圳市市辖区，第二层次的地区有广州市市辖区、东莞市、中山市、佛山市市辖区。整体而言，经济密度较高的地区多呈集聚状态。

从珠三角城市群人口流动的情况来看，区域内少数区域为人口净流入，大多数区域呈现人口流出状态。人口流入的主要区域为深圳市市辖区、东莞市、中山市、佛山市市辖区、惠州市市辖区、广州市市辖区等。整体而言，珠三角城市群内人口流入区域较集中，人口极化效应显著。珠三角城市群人口流入、经济集聚、功能分工之间存在密切联系。城市群内的集聚效应明显，其内在机制尚待深入研究。

7.1.2 理论分析与相关假说

城市的集聚与扩散使得区域经济、结构呈非平衡发展状态。经济增长率先发生在中心城市，之后通过知识溢出、要素流动等作用，辐射带动整个地区的发展（Perroux，1950）。如果把经济率先增长地区对欠发达地区产生的不利作用、有利作用分别称作"极化效应""涓滴效应",则"涓滴效应"最终会大于"极化效应",从而占据主导地位(Hirschman,1957)。当然,经济率先发展的地区逐渐形成"中心",其他缓慢发展地区则形成了"外围",中心居于统治地位,而外围在发展上依赖于中心。这种不平衡成长差异在区域发展之初尤为显著,之后区域间不平衡程度将趋于稳定,当达到发展成熟阶段时,区域间成长差异渐趋缩小,实现均衡成长(Williamson,1965)。在集聚力与扩散力的成因上,以 Krugman、Fujiata & Venables 为代表的新经济地理学派将"本地市场效应"与"价格指数效应"作为集聚力的动因,而将"市场拥挤效应"作为扩散力的动因(Krugman,1991;Venables,1996;Krugman & Venables,1995)。在集聚力与扩散力的综合较量下,城市之间的联系或密或疏,形成了不同的城市群空间结构状态:当集聚力占据主导地位的时候,人口、信息等要素资源则在单一节点集聚;当扩散力占据主导地位的时候,城市空间经济结构由单一点的聚集转向多点的聚集,单中心结构则转向了多中心结构,实现了集聚、集聚扩散、扩散集聚、再集聚的城市空间经济结构的演化(李国平,孙铁山,2013)。

城市群空间结构的演化反映了城市之间的不同关系模式,也体现了不同的城市群功能分工或不同的产业合作分工模式:城市群内部中心城市越来越聚焦研发、金融、科创等生产性服务行业,而外围城市则更多的承担生产制造功能(Duranton & Puga,2005)。受到城市群功能分工的影响,功能互补、多中心协同发展的城市群发挥出"规模借用"与"功能借用"效应,推动城市群内资源要素共享及知识、技术扩散(Meijers & Burger,2010)。但是,城市群内的经济集聚、人口等要素集聚究竟是源于何种城市群功能分工或产业分工?针对此问题,一些学者认为地方产业专业化更有利于促进知识溢出和经济增长,即 MAR 溢出(亦称 MAR 外部性,Marshall,1890;Arrow,1962;Romer,1986);另一些学者则认为地方产业多样化更有利于促进知识溢出和经济增长,即 Jacobs 溢出。也有学者认为 Jacobs 溢出的结论主要是因为未考虑城市的职能专业化,如若考虑到该因素的影响,依旧偏向支持 MAR 溢出(苏红键,赵坚,2011),这一结论也得到其他学者的实证分析结果的支持(Kemeny & Storper,2014;Van,Geus & Dogaru,2015;Zhu,Dai & Jiang,2017)。

值得注意的是,城市在城市群中发挥的功能与其本身的经济社会发展水平有关;城市功能专业化是相对的,城市功能分工格局在城市群中不是静态的,而是动态变化的(马燕坤,张雪领,2019);城市功能分工程度与城市群发育水平之间存在较为明显的正向相关关系(马燕坤,2016)。

在城市群空间结构的研究中,多数学者均认为在城市化进程达到一定程度后，单中心发展模式要转变为多中心发展模式（Heikkila，1989；McDonald & Prather，1994；Small & Song，1994）。比尔·斯科特将城市群的发展划分为单中心、多中心及网络化等三个阶段；在多中心发展阶段，城市群中心城市与次级中心城市相互竞争；发展到网络化阶段的时候，城市群各城市间则相互依赖相互竞合，实现共同发展（方创琳，王振波，马海涛，2018）。

在城市群单中心的发展模式下，"极化效应"占据主导地位（Myrdal，1957；Hirschman，1957），人口等要素在中心城市集聚；当"极化效应"进一步增强时，中心城市产生"拥挤效应"，要素集聚的副作用显现。城市群是人口、经济的集聚区域，其生产效率、功能分工往往受益于多中心的组织结构模式：在多中心模式或网络化模式下，城市之间有序发展，城市群存在显著的产业分工与经济集聚的空间溢出效应；这一观点已成为学术界的共识（Meijers & Burger，2010；Agawal & Giuliano & Redfearn，2012）。本书提出待检验的理论假说：城市群集聚力占据主导地位时，空间结构处于单中心模式。

城市群多中心模式的形成，促成了城市群多个次级中心的形成；当区域内实现一体化发展、协同发展时，城市群会成为有机整体，城市之间多表现为合作关系。本书提出第二个待检验的理论假说：城市群扩散力占据主导地位时，空间结构处于多中心模式。

7.2 集聚力与扩散力的识别

7.2.1 计量模型设定

由前述理论分析可知，城市群功能分工与经济增长之间存在联动关系：一方面，合理的城市功能分工能够有效调节人口分布，实现"人随业走""以业控人"，促进经济增长（石郑，2016；易红，2016）；另一方面，经济增长、劳动力集聚，优化了产业分工体系，为城市群产业分工、功能分工等奠定了基础（马莹，2014）。基于此，研究城市群功能分工与经济集聚的互动效应，需要建立联立方程模型，以考察二者之间的双向因果效应。

依据 Button 聚集经济理论及 Haggett 城市群演化理论，人口迁移会带动周边地区的人口迁移与经济增长、产业结构变动，经济增长、产业结构变化也会带动周边地区的功能转变，即经济增长与城市群功能分工之间存在空间效应。基于此，本书在研究城市群功能分工与经济集聚的互动关系时，建立如下空间联立方程模型。

$$\begin{cases} \ln GDP = \pmb{\rho}_{11}\pmb{W}\times\ln GDP + \pmb{\rho}_{21}\pmb{W}\times Function + \pmb{\gamma}_{21}Function + \pmb{\beta}_1\pmb{X}_1 + \pmb{\varepsilon}_1 \\ Function = \pmb{\rho}_{12}\pmb{W}\times\ln GDP + \pmb{\rho}_{22}\pmb{W}\times Function + \pmb{\gamma}_{12}\ln GDP + \pmb{\beta}_2\pmb{X}_2 + \pmb{\varepsilon}_2 \end{cases}$$

其中，$\ln GDP$ 和 $Function$ 分别表示经济密度的自然对数（经济集聚）与城市功能专业化指数（城市群功能分工）；$\pmb{W}$ 为空间权重矩阵；$\pmb{X}_1$ 与 $\pmb{X}_2$ 则分别为经济增长方程与城市群功能分工方程的控制变量矩阵：$\pmb{X}_1$ 包括居民储蓄存款、金融机构贷款余额、人口规模、适龄劳动人口比率、产业结构高级化指标、行政区域面积；$\pmb{X}_2$ 包含居民储蓄存款、金融机构贷款余额、人口规模、适龄劳动人口比率、产业结构高级化指标、老龄化率、行政区域面积及城镇化率等控制变量；$\pmb{\varepsilon}_1$ 与 $\pmb{\varepsilon}_2$ 则为误差项。

$\pmb{\gamma}_{21}$ 和 $\pmb{\gamma}_{12}$ 分别反映城市群功能分工对经济增长、经济增长对城市群功能分工的影响系数；$\pmb{\rho}_{11}$ 和 $\pmb{\rho}_{22}$ 分别表示邻近区域经济增长对当地经济增长、邻近区域功能分工对当地城市功能分工的影响系数；$\pmb{\rho}_{21}$ 和 $\pmb{\rho}_{12}$ 分别表示邻近区域功能分工对当地经济增长、邻近区域经济增长对当地城市功能分工的影响系数；$\pmb{\beta}_1$ 和 $\pmb{\beta}_2$ 则为控制变量的影响系数矩阵。空间联立方程模型需要同时考虑回馈同时性（Feedback，即 $\pmb{\gamma}_{21}$ 和 $\pmb{\gamma}_{12}$），空间自回归滞后同时性（SAR，即 $\pmb{\rho}_{11}$ 和 $\pmb{\rho}_{22}$），空间交叉回归滞后同时性（SCR，即 $\pmb{\rho}_{21}$ 和 $\pmb{\rho}_{12}$）。此内容在后部分的实证结果与分析中进行详细讨论。

进一步，可对上述假说具体化为：

假说1：城市群集聚力占据主导地位时，空间结构处于单中心模式；此时，直接反馈系数显著为负。

假说2：城市群扩散力占据主导地位时，空间结构处于多中心模式；此时，直接反馈系数显著为正，同时空间溢出效应显著为正。

7.2.2 内生性问题讨论

在研究城市群功能分工与经济集聚互动关系的过程中，难免会因为遗漏变量及联立性等原因导致内生性问题，使得估计结果有偏。

基于此，本书采用空间滞后工具变量得到一致性估计。空间滞后工具变量的构建方法大致有两种：其一，$\pmb{W}\hat{\pmb{Y}}=\pmb{W}\pmb{X}(\pmb{X}^{\mathrm{T}}\pmb{X})^{-1}\pmb{X}^{\mathrm{T}}\pmb{Y}=\pmb{W}\pmb{X}\hat{\pmb{\beta}}$；（$\pmb{W}$、$\pmb{Y}$、$\pmb{X}$ 分别为空间权重矩阵、空间滞后向量及外生变量矩阵，"$\hat{\pmb{Y}}$"表示回归估计量）。其二，$\widehat{\pmb{W}\pmb{y}}=\pmb{X}(\pmb{X}^{\mathrm{T}}\pmb{X})^{-1}\pmb{X}^{\mathrm{T}}\pmb{W}\pmb{y}=\pmb{X}\hat{\pmb{\beta}}\pmb{W}$。相关学者对 OLS、2SLS、空间2SLS 及 KRP2SLS 等方法的一致性与估计偏差进行蒙特卡洛模拟，认为方法二的偏差最小且更具一致性；故本书采用第二种方法对空间联立方程模型进行

GS3SLS 估计。

7.2.3 变量说明及数据来源

齐夫指数采用城市位序－规模的方法，很好的度量了不同的城市规模与其位序之间的关系，反映了城市体系的发育水平。采用许学强、周一星、宁越敏（2009）的核算方法，本书利用市辖区人口，计算了中国三大典型城市群（长三角城市群、京津冀城市群、珠三角城市群）的齐夫指数。由结果可知（如图7-2-1、图7-2-2、图7-2-3），长三角城市群、京津冀城市群、珠三角城市群的齐夫指数分别为 1.1452、1.4826、1.0326，在 1.00% 的显著性水平下，三大城市群的齐夫指数均大于1，这表明长三角城市群、京津冀城市群及珠三角城市群的规模均趋向集中，首位城市垄断地位较强；相较而言，长三角城市群与珠三角城市群的齐夫指数更接近于1，这说明长三角城市群、珠三角城市群体系相对完善。

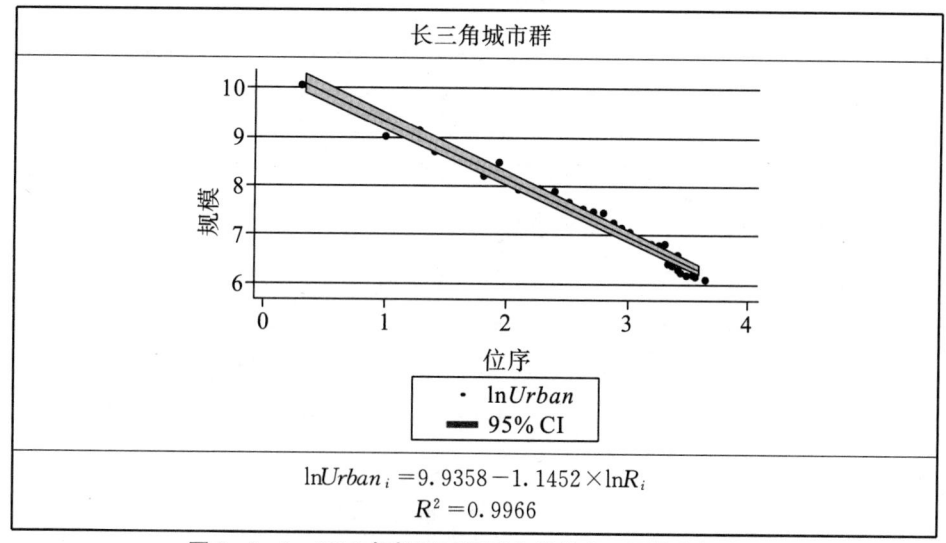

$$\ln Urban_i = 9.9358 - 1.1452 \times \ln R_i$$
$$R^2 = 0.9966$$

图 7-2-1　2015 年长江三角城市群位序－规模分析结果

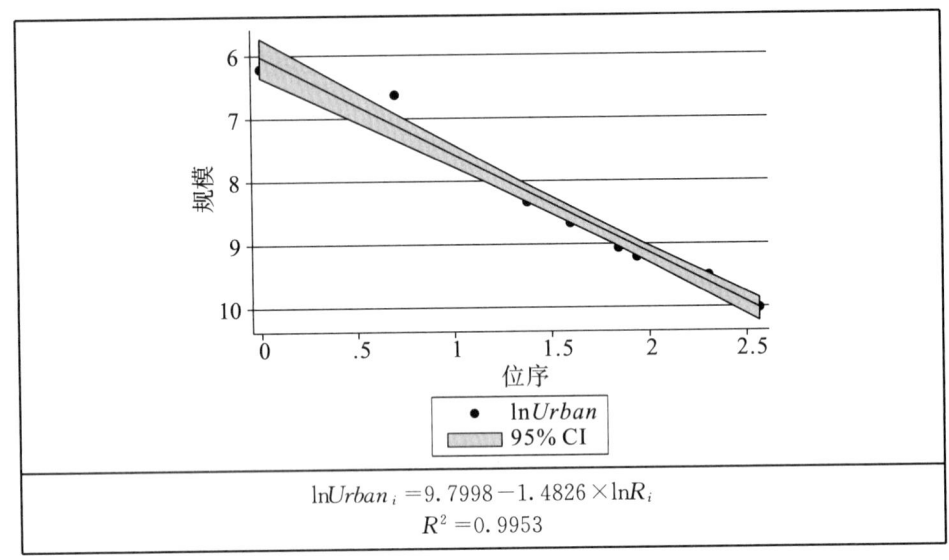

$$\ln Urban_i = 9.7998 - 1.4826 \times \ln R_i$$
$$R^2 = 0.9953$$

图 7-2-2 2015 年京津冀城市群位序-规模分析结果

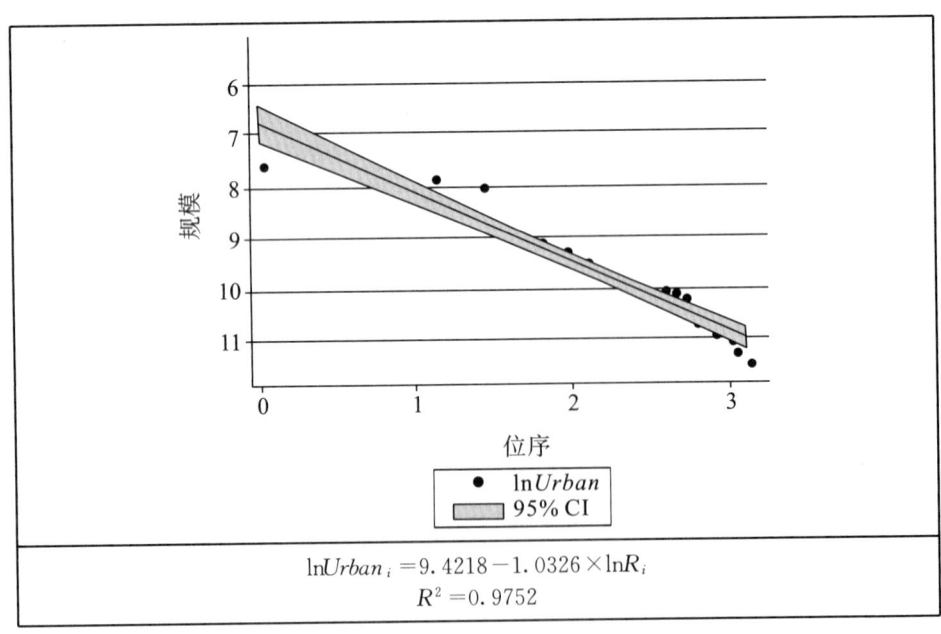

$$\ln Urban_i = 9.4218 - 1.0326 \times \ln R_i$$
$$R^2 = 0.9752$$

图 7-2-3 2015 年珠三角城市群位序-规模分析结果

齐夫指数的计算深受所用指标与估计方法的影响，具有很大的不稳定性。综合考虑本书的估计结果及已有的相关研究，笔者认为相较而言，长三角城市群与珠三角城市群的集聚度低于京津冀城市群。结合新经济地理学理论与现有相关研究，笔者认为长三角城市群与珠三角城市群的极化效应弱于京津冀城市群，城市群发展较为完善（叶磊，段学军，欧向军，2016；马海涛，黄晓东，李迎成，2018）；而京津冀城市群则处于聚集阶段，单中心性明显，城市群发展较为落后（孙阳，姚士谋，张落成，2018）。三大城市群处于城市群发育的不同阶段。

表7-2-1 三大城市群主要指标对比表

指标	长三角	京津冀	珠三角
人口净流入率（%）	21.64	7.27	20.55
国内生产总值（十亿元）	11552	7105	8012
人均GDP（元）	106632	68234	74226

一方面，长三角城市群、京津冀城市群、珠三角城市群很好地代表了城市群体系的不同特征阶段；另一方面，三大城市群又是中国发育最为成熟的城市群，也是最具代表性的城市群，关乎未来中国经济、社会的发展。由三大城市群主要指标对比表（见表7-2-1），也可看出长三角城市群在经济发展及人口吸引上都要优于京津冀城市群、珠三角城市群；京津冀城市群人口净流入率及人均GDP均远低于珠三角城市群。考虑到城市群的代表性，以及不同城市体系特征阶段对研究中国城市群功能分工与经济集聚的空间自回归效应与交叉效应差异的重要性，本书选取长三角城市群、京津冀城市群、珠三角城市群作为研究对象。

2016年6月，经国务院同意，国家发展改革委、信房城乡建设部印发《长江三角洲城市群发展规划》，本书选取二十六个城市作为长三角城市群的地理范围。京津冀城市群则包含一省两市等十三个城市。珠三角城市群则包含二十一个城市。

县域经济是国民经济的重要有机组成部分，是市域经济、省域经济的强有力支撑；基于县域经济视角，分析研究城市群功能分工与经济集聚的互动效应，能够深化城市群县域经济发展与合作的理论基础。在空间计量经济学中，空间权重矩阵是空间统计、空间计量的重要基础；空间权重矩阵的构建、选择对空间模型的估计结果与解释力等均产生深远影响，空间效应的存在性也深刻依赖于空间权重矩阵。

本书选择长三角城市群、京津冀城市群、珠三角城市群县域数据作为分析依据；具体而言，长三角城市群共有125个县、县级市或市辖区，删除高淳县、江都市、姜堰市、绍兴县、长丰县、肥东县、肥西县、枞阳县等8个由于行政区划变更或数据缺失地区，剩余117个观察样本；京津冀城市群共有

146 个县、县级市或市辖区，删除栾城县、辛集市、藁城市、鹿泉市、唐海县、定州市等 6 个由于行政区划变更或数据缺失地区，剩余 140 个观察样本；珠三角城市群共有 85 个县、县级市或市辖区，删除从化市、电白县、清新县、潮安县、揭东县、云安县等 6 个由于行政区划变更或数据缺失地区，剩余 79 个观察样本；这构成了本书的研究样本。

本书的数据主要来源于 2015 年 1.00％人口抽样调查数据，2016 年《中国城市统计年鉴》，2016 年《中国县域统计年鉴》。其中，分行业就业数据、人口流动数据、常住人口等数据来源于 2015 年 1.00％人口抽样调查数据；市辖区层级的相关变量数据取至 2016 年《中国城市统计年鉴》；县域、县级市层级的相关变量数据取至 2016 年《中国县域统计年鉴》。具体而言，包含内生变量、控制变量、空间权重矩阵和空间相关性检验。

7.2.3.1 内生变量

关于经济集聚，本书采用了学术界惯用的方法衡量，即扣除第一产业的国内生产总值与行政区域面积的比值作为其衡量指标。城市群功能分工指标，采用 Duranton & Puga (2005)，赵勇、魏后凯（2015）的方法，使用城市功能专业化指标作为其衡量变量，具体计算公式见第五章相关内容。

7.2.3.2 控制变量

人口规模，本书采用年末常住人口作为其衡量指标。产业结构，采用汪伟、刘玉飞、彭冬（2015）的方法，利用产业结构高级化指标[①]作为其衡量变量。居民储蓄额和金融机构贷款余额体现出了资本投资的两大来源，对经济增长、产业分工均产生重要影响。适龄劳动人口比率，即 15~65 岁人口占比年末常住人口的比值；国际惯例将 15~64 岁作为劳动适龄人口，但考虑到数据的可得性，本书选取 15~65 岁作为劳动适龄人口，对估计结果不会有太大偏差。老龄化率，即常住人口中 65 岁及其以上人口的占比。土地作为地方经济发展的要素投入，本书采用地方行政区域面积作为其衡量指标。城市化率，即年末常住城镇人口与年末常住总人口的比值。其中居民储蓄额、金融机构贷款余额、人口规模、适龄劳动人口比率、产业高级化指标、行政区域面积作为经济增长方程的控制变量；居民储蓄额、金融机构贷款余额、人口规模、适龄劳动人口比率、产业高级化指标、老龄化率、行政区域面积及城镇化率作为城市

---

① $Industry = \sum_{i=1}^{3} i \times x_i$，其中，$Industry$ 代表产业高级化指标，x_i 代表 i 产业的产值比重。

群功能分工方程的控制变量。值得注意的是，为了消除量纲及异方差性给建模带来的困扰，本书对国内生产总值、人口规模、居民储蓄额、金融机构贷款余额、行政区域面积等变量采取取自然对数的处理办法。相关变量的描述性统计参见表7-2-2。根据前述理论分析，笔者认为在研究城市群功能分工与经济集聚的互动效应时，需考虑二者的空间效应。但二者是否确实存在空间相关性需要进行空间相关性检验。

表7-2-2 三大城市群相关变量的描述性统计分析

	变量	样本	均值	标准差	最小值	最大值
长三角城市群	国内生产总值（万元）	117	1.16×10^7	2.70×10^7	221000	2.48×10^8
	国内生产总值（对数）	117	15.397	1.193	12.305	19.33
	功能分工	117	0.826	0.817	0.193	5.505
	居民储蓄额（万元）	117	8.04×10^6	2.31×10^7	302000	2.34×10^8
	居民储蓄额（对数）	117	15.044	1.116	12.617	19.27
	金融机构贷款余额（万元）	117	1.75×10^7	5.66×10^7	207000	5.34×10^8
	金融机构贷款余额（对数）	117	15.371	1.42	12.24	20.096
	人口规模（千人）	117	1210.034	2381.041	70.9	23282.68
	人口规模（对数）	117	6.594	0.866	4.261	10.055
	适龄劳动人口比率	117	0.742	0.042	0.624	0.902
	产业高级化指标	117	2.327	0.13	1.97	2.675
	行政区域面积（平方千米）	117	1704.632	1062.546	97	6587
	行政区域面积（对数）	117	7.269	0.617	4.575	8.793
	老龄化率	117	0.125	0.037	0.044	0.239
	城镇化率	117	0.572	0.143	0.293	1
京津冀城市群	国内生产总值（万元）	140	5.04×10^6	2.39×10^7	284000	2.30×10^8
	国内生产总值（对数）	140	14.19	1.051	12.558	19.254
	功能分工	140	0.784	0.776	0	4.11
	居民储蓄额（万元）	140	4.35×10^6	2.15×10^7	34221	2.39×10^8
	居民储蓄额（对数）	140	14.096	1.064	10.441	19.293
	金融机构贷款余额（万元）	140	7.26×10^6	4.61×10^7	180000	4.89×10^8
	金融机构贷款余额（对数）	140	13.752	1.27	12.101	20.007
	人口规模（千人）	140	743.793	2064.563	90.36	20678.3
	人口规模（对数）	140	6.109	0.685	4.504	9.937

续表7-2-2

	变量	样本	均值	标准差	最小值	最大值
	适龄劳动人口比率	140	0.711	0.051	0.566	0.834
	产业高级化指标	140	2.198	0.167	1.822	2.79
	行政区域面积（km²）	140	1550	2062.72	183	16411
	行政区域面积（对数）	140	6.94	0.82	5.209	9.706
	老龄化率	140	0.092	0.028	0.032	0.187
	城镇化率	140	0.45	0.166	0.203	1
珠三角城市群	国内生产总值（万元）	79	1.01×10^7	2.97×10^7	157000	1.81×10^8
	国内生产总值（对数）	79	14.837	1.324	11.965	19.014
	功能分工	79	1.15	0.858	0.274	5.773
	居民储蓄额（万元）	79	6.97×10^6	2.02×10^7	198000	1.36×10^8
	居民储蓄额（对数）	79	14.495	1.291	12.196	18.728
	金融机构贷款余额（万元）	79	1.21×10^7	4.82×10^7	118000	3.24×10^8
	金融机构贷款余额（对数）	79	14.244	1.589	11.68	19.598
	人口规模（千人）	79	1366.379	2381.268	59.86	13181.18
	人口规模（对数）	79	6.587	1.009	4.092	9.487
	适龄劳动人口比率	79	0.702	0.059	0.572	0.889
	产业高级化指标	79	2.255	0.131	1.954	2.659
	行政区域面积（km²）	79	2292.949	1122.527	114	7434
	行政区域面积（对数）	79	7.601	0.595	4.736	8.914
	老龄化率	79	0.09	0.024	0.021	0.134
	城镇化率	79	0.495	0.201	0.21	0.997

7.2.3.3 空间权重矩阵

本书选取空间距离作为构建权重矩阵的依据。

依据《国家发展改革委关于培育发展现代化都市圈的指导意见》，城市群通勤圈以一小时为基础。结合城市市内交通通勤时间，现有研究多将两小时作为中国都市圈的通勤边界。故本书采用城市群两小时通勤圈构建空间权重矩阵。利用谷歌云计算数据，得到三大城市群交通通勤时间，进一步得到县域、市辖区之间的通勤时间 d_{ij}，则得出空间权重矩阵：

$$W_{ij}=\begin{cases}1\ (d_{ij}\leqslant2,\ i\neq j)\\0\ (else)\end{cases}$$

当 i 地到 j 地的通勤时间不超过两小时时，则定义为两地相邻；反之，则为不相邻。

空间模型及空间效应的存在性与解释力均依赖于空间权重矩阵的设定，为了检验模型的稳健性，本书将两个半小时通勤圈①作为空间权重矩阵，对空间联立方程模型的稳健性进行检验。此内容将在稳健性检验部分进行详细探讨。

7.2.3.4 空间相关性检验

空间相关性检验包括全局空间相关性检验与局部空间相关性检验；全局空间相关性检验常采用 Moran's I 检验。由表 7-2-3 给出的检验结果可知，在两小时空间权重矩阵（W_1）的构建框架下，长三角城市群、京津冀城市群及珠三角城市群的经济发展的 Moran's I 指数及 Geary's C 指数均在 5.00% 的显著性水平下显著为正，表明三大城市群的 GDP 存在显著的正向空间自相关性。但是，城市群功能分工指标只有京津冀城市群的 Moran's I 指数及 Geary's C 指数均在 5.00% 的显著性水平下显著为正，长三角城市群只有其 Geary's C 指数在 5.00% 的显著性水平下显著为正，珠三角城市群城市功能分工指标的 Moran's I 指数及 Geary's C 指数均不显著，空间自相关性较弱。同理，在两个半小时空间权重矩阵（W_2）的构建框架下，依旧可得类似结论。

局部空间自相关检验常采用莫兰散点图进行说明，散点图的四个象限表达了某一点（区域）和其周围点（区域）四种类型的局域空间联系，即"高高"（第一象限）、"高低"（第二象限）、"低高"（第三象限）和"低低"（第四象限）；在两小时和两个半小时空间权重矩阵（W_1、W_2）的构建框架下，图 7-2-4 到图 7-2-6 给出的三大城市群经济增长与城市群功能分工的莫兰散点图均详细地说明了此情况。

---

① 选择两个半小时通勤圈作为稳健性检验，主要是因为三大城市群的三小时及以上时间的通勤圈范围过大，若采用此通勤圈构建空间权重矩阵，则失去了空间分析的意义。

表 7-2-3 三大城市群全局空间相关性检验

权重矩阵	变量	方法	长三角	京津冀	珠三角
权重矩阵 1 (W_1)	经济集聚	Moran	0.345***	0.124***	0.360***
			(11.719)	(6.829)	(7.774)
		Geary	0.668***	0.814*	0.747***
			(−3.581)	(−1.346)	(−2.581)
	功能分工	Moran	0.281***	0.118***	0.244***
			(13.156)	(9.237)	(7.295)
		Geary	0.750***	0.867	0.877*
			(−3.044)	(−1.012)	(−1.418)
权重矩阵 2 (W_2)	经济集聚	Moran	0.003	0.067***	0.026
			(0.402)	(3.877)	(0.865)
		Geary	0.606**	0.630***	0.830
			(−1.740)	(−2.696)	(−1.053)
	功能分工	Moran	0.011	0.043***	−0.013
			(0.949)	(3.715)	(−0.016)
		Geary	0.732*	0.716**	0.790*
			(−1.313)	(−2.174)	(−1.425)

注：括号内为标准误，*** $P<0.01$，** $P<0.05$，* $P<0.1$。

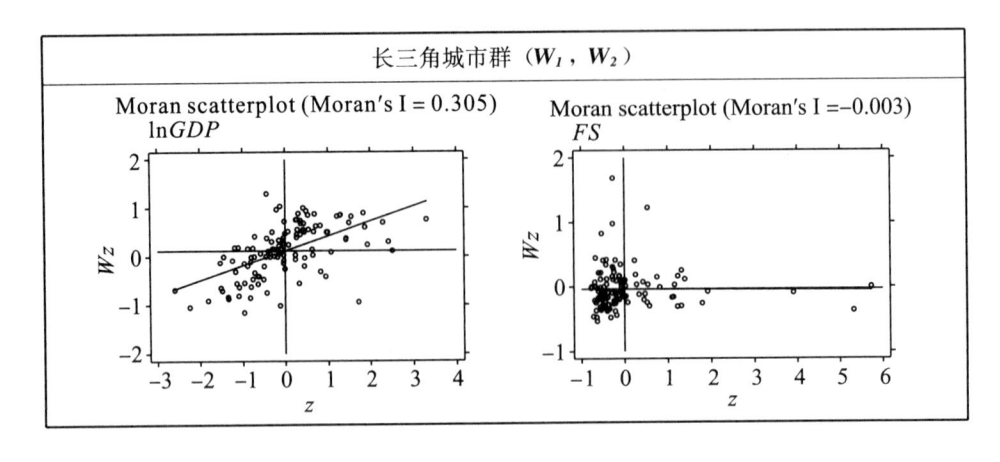

长三角城市群 (W_1, W_2)

Moran scatterplot (Moran's I = 0.305)　　Moran scatterplot (Moran's I = −0.003)

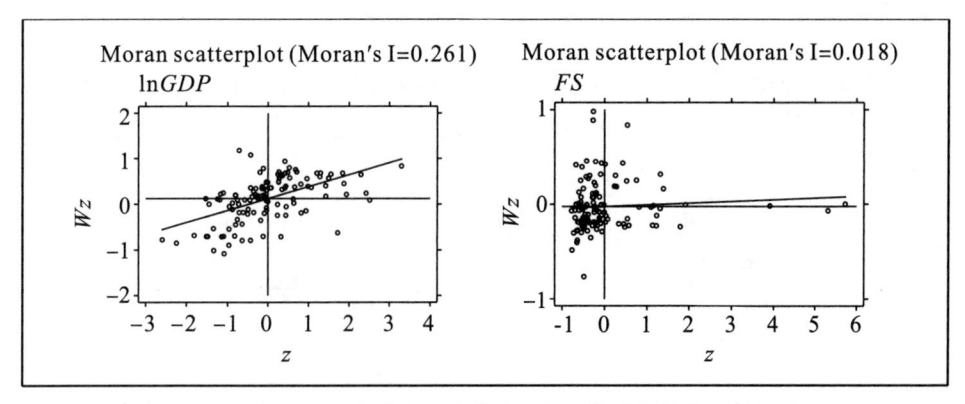

图 7-2-4　长三角城市群功能分工与经济增长的莫兰散点图

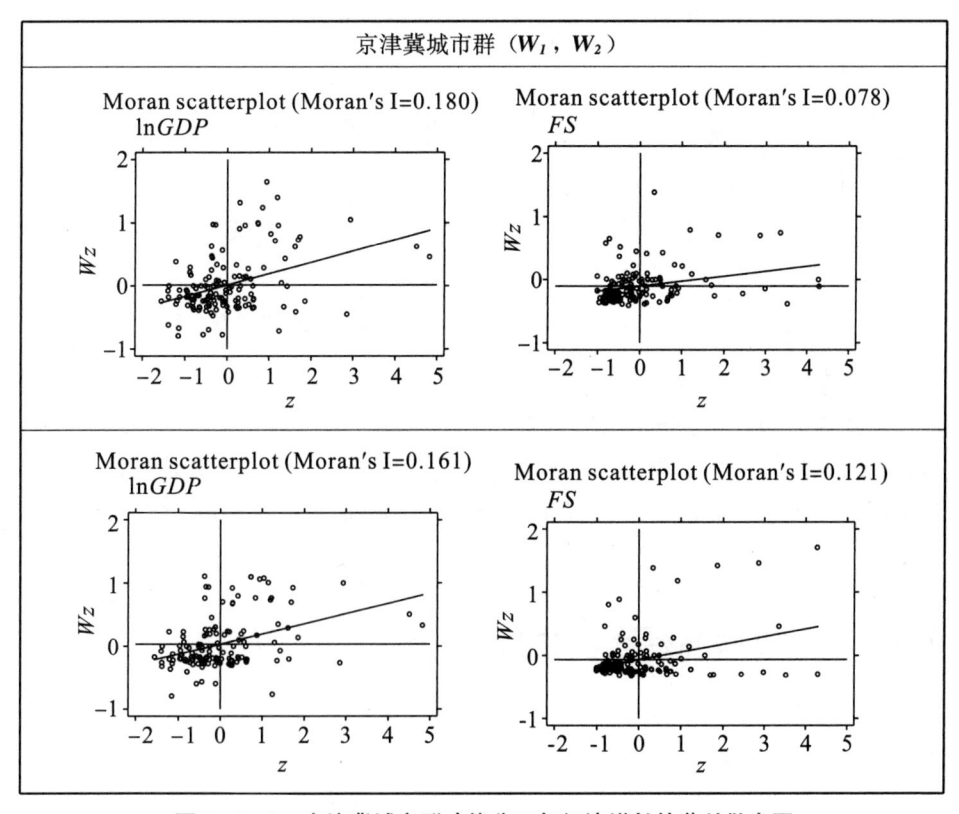

图 7-2-5　京津冀城市群功能分工与经济增长的莫兰散点图

珠三角城市群（W_1，W_2）

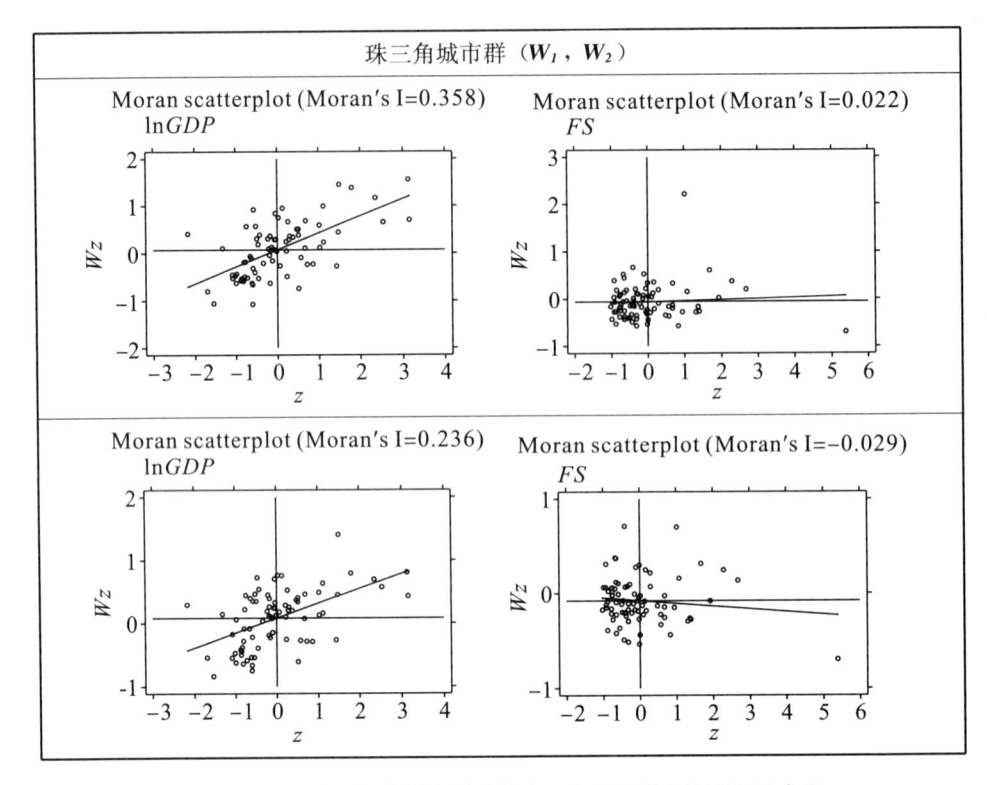

Moran scatterplot (Moran's I=0.358) lnGDP

Moran scatterplot (Moran's I=0.022) FS

Moran scatterplot (Moran's I=0.236) lnGDP

Moran scatterplot (Moran's I=-0.029) FS

图 7－2－6　珠三角大城市群功能分工与经济增长的莫兰散点图

综上所述，三大城市群的经济增长及功能分工指标存在一定的空间自相关性。需要注意的是，空间自相关指标仅体现了相关关系，并未给出因果关系的讨论；且其仅提供了是否存在空间效应的初步检验，深入检验有赖于建立正式的空间计量模型。下面章节会详细探讨了空间联立方程模型的建立与结果的分析。

7.3　城市群空间结构的识别

7.3.1　实证结果

根据长三角城市群经济集聚与功能分工的空间效应估计结果（见表 7－2－4）可知，城市群邻地经济集聚、邻地功能分工的空间自回归系数分别为 0.0158、0.0897，均为正，且分别在 1.00%、10.00% 的显著性水平上显著，这表明长三角城市群经济集聚呈空间正向溢出效应（邻地经济集聚促进本地经济集聚），城市群功能分工也呈空间正向溢出效应（邻地功能分工的提高强化了本地功能分工）。

表 7-2-4 长三角城市群的空间效应估计结果

变量	OLS 经济集聚	OLS 功能分工	GS3SLS 经济集聚	GS3SLS 功能分工
邻地经济集聚	0.001*** (0.001)	−0.001 (0.002)	0.0158*** (0.0046)	−0.0144*** (0.0050)
邻地功能分工	−0.012 (0.010)	0.002 (0.030)	−0.0834* (0.0454)	0.0897* (0.0477)
本地功能分工	0.029 (0.032)	—	0.7133*** (0.1850)	—
居民储蓄额	0.409*** (0.121)	−1.040*** (0.371)	1.2728*** (0.3271)	−1.2509*** (0.3719)
金融机构贷款余额	0.317*** (0.067)	0.088 (0.223)	0.3450** (0.1703)	−0.1359 (0.2081)
人口规模	0.285** (0.115)	1.088*** (0.358)	−1.2256*** (0.2664)	1.1114** (0.3285)
适龄劳动人口比率	0.632 (0.656)	4.157 (2.842)	2.9009* (1.6278)	0.8610 (2.7354)
产业高级化指标	−0.296 (0.395)	1.799 (1.149)	−1.8032 (1.0968)	2.2078** (1.8800)
经济集聚	—	−0.166 (0.305)	—	0.5016** (0.2332)
老龄化率	—	6.432* (3.300)	—	3.6374 (2.8469)
城镇化率	—	2.809*** (0.921)	—	1.7407* (0.9992)
常数项	3.278*** (0.941)	2.547 (3.057)	−7.3320*** (2.0630)	3.4904 (2.9148)
观测值	117	117	117	117
拟合系数	0.958	0.263	0.6831	0.1847

注：括号内为标准误，*** $P<0.01$，** $P<0.05$，* $P<0.10$。GS3SLS 代表广义三阶段空间最小二乘估计。

进一步，城市群功能分工对经济集聚的空间交叉回归系数在 10.00% 的显著性水平下显著为负（−0.0834），这表明邻地的城市群功能分工不利于本地的经济集聚，人口、信息、资本等要素作为经济增长及产业结构、经济结构转变的内在动力，其稀缺性使得要素对产业专业化或城市功能分工存在一定的追逐效应；邻地经济集聚对功能分工的空间交叉回归系数在1.00%的显著性水平下为负（-0.0144），这表明邻地经济集聚不利于本地的城市群功能分工，经济增长及产业结构调整对要素存在虹吸效应。本地功能分工对经济集聚的直接反馈系数为正（0.7133），且通过1.00%的显著性水平检验；经济集聚对城市群功能分工的直接反馈系数为0.5016，且通过5.00%的显著性水平检验。

综上所述，长三角城市群存在显著的经济集聚与城市群功能分工的空间正向溢出效应，但城市群内也存在一定的城市功能分工对相关要素的虹吸效应；长三角城市群扩散效应显著的同时也存在一定的竞争；整体而言，长三角城市群发育水平较高，呈多中心发展模式。

根据京津冀城市群功能分工与经济集聚的空间效应估计结果（见表7-2-5）可知，本地城市功能分工对本地经济集聚的直接反馈系数为-0.6503，且通过1.00%的显著性水平检验；本地经济集聚对本地城市功能分工的直接反馈系数为-0.6842，通过1.00%的显著性水平检验。

城市群邻地经济集聚的空间自回归系数为0.0012，但无法通过10.00%的显著性水平检验，邻地功能分工的空间自回归系数为0.0690，在10.00%的显著性水平显著；进一步，邻地经济集聚对城市功能分工的空间交叉回归系数为-0.0037，无法通过5.00%的显著性水平检验，城市功能分工对经济集聚的空间交叉回归系数为0.0682，通过10.00%的显著性水平检验。综上，京津冀城市群存在显著的极化效应，城市群过度集中之势显现；整体而言，京津冀城市群发育水平较低，呈单中心发展模式。

表7-2-5　京津冀城市群的空间效应估计结果

变量	OLS 经济集聚	OLS 功能分工	GS3SLS 经济集聚	GS3SLS 功能分工
邻地经济集聚	-0.001* (0.001)	0.0001 (0.001)	0.0012 (0.0031)	-0.0037 (0.0027)
邻地功能分工	0.016 (0.015)	-0.031 (0.030)	0.0628* (0.0366)	0.0690* (0.0351)
本地功能分工	-0.025 (0.044)	—	-0.6503*** (0.2460)	—
居民储蓄额	0.209** (0.084)	-0.132 (0.171)	0.0109 (0.1675)	-0.0572 (0.1632)
金融机构贷款余额	0.345*** (0.064)	0.048 (0.156)	0.4294*** (0.1356)	0.3036** (0.1384)

续表7-2-5

变量	OLS 经济集聚	OLS 功能分工	GS3SLS 经济集聚	GS3SLS 功能分工
人口规模	0.536*** (0.094)	−0.145 (0.212)	0.0111 (0.1891)	−0.0424 (0.1871)
适龄劳动人口比率	−0.869 (0.687)	−1.732 (1.459)	0.2140 (1.4181)	−0.6916 (1.4741)
产业高级化指标	0.393 (0.271)	0.983* (0.542)	2.9618*** (0.5348)	2.1558*** (0.6236)
经济集聚	—	−0.044 (0.176)	—	−0.6842*** (0.1578)
人口老龄化	—	0.240 (2.380)	—	−0.0383 (2.1201)
城镇化率	—	1.372** (0.613)	—	1.0290* (0.5592)
常数项	3.736*** (0.662)	0.649 (1.608)	−5.7169*** (1.1618)	−2.4094 (1.4816)
观测值	140	140	140	140
拟合系数	0.894	0.244	0.58830	0.0032

注：括号内为标准误，*** $P<0.01$，** $P<0.05$，* $P<0.10$。

根据珠三角城市群功能分工与经济集聚的空间效应估计结果（见表7-2-6），可知：

表7-2-6 珠三角城市群的空间效应估计结果

变量	OLS 经济集聚	OLS 功能分工	GS3SLS 经济集聚	GS3SLS 功能分工
邻地经济集聚	0.000 (0.001)	−0.007** (0.003)	0.0188** (0.0074)	−0.0273** (0.0105)
邻地功能分工	−0.003 (0.015)	0.051 (0.045)	−0.0476 (0.0569)	0.0732 (0.0816)
本地功能分工	−0.037 (0.041)	—	0.6829*** (0.0790)	—
居民储蓄额	0.335** (0.156)	0.483 (0.578)	−0.4510 (0.3205)	0.5902 (0.4811)
金融机构贷款余额	0.337*** (0.097)	0.229 (0.320)	0.3478* (0.2013)	−0.4537 (0.2958)

续表7-2-6

变量	OLS 经济集聚	OLS 功能分工	GS3SLS 经济集聚	GS3SLS 功能分工
人口规模	0.317*** (0.105)	−0.505 (0.432)	0.8677*** (0.2233)	−1.1967** (0.3498)
适龄劳动人口比率	1.627* (0.894)	−2.471 (3.081)	6.7542*** (1.6974)	−9.1279*** (2.6601)
产业高级化指标	−0.466 (0.319)	−1.746* (1.008)	0.9467 (0.6845)	−1.3228 (0.9852)
经济集聚	—	−0.403 (0.360)	—	1.3852*** (0.2199)
人口老龄化	—	−2.035 (7.121)	—	1.1778 (3.8978)
城镇化率	—	2.016 (1.266)	—	0.0480 (2.5984)
常数项	2.514*** (0.879)	6.281* (3.262)	−5.0928** (1.6663)	6.9254*** (2.5985)
观测值	79	79	79	79
拟合系数	0.963	0.276	0.7496	0.2539

注：括号内为标准误，*** $P<0.01$，** $P<0.05$，* $P<0.10$。

城市群功能分工的空间自回归系数为0.0732，但无法通过5.00%的显著性水平检验，经济集聚的空间自回归系数在5.00%的显著性水平下显著为0.0188；表明珠三角城市群经济集聚存在显著的正向空间溢出效应，功能分工的空间溢出效应则不显著。进一步，城市功能分工对经济集聚的空间交叉回归系数为−0.0476，但无法通过5.00%的显著性水平检验，且城市群功能分工对经济集聚的直接反馈系数在1.00%的显著性水平下显著为0.6829；经济集聚与城市功能分工的空间交叉回归系数在5.00%的显著性水平下显著为−0.0273，且经济集聚对城市群功能分工的直接反馈系在1.00%的显著性水平下显著为1.3852。这表明珠三角城市群存在显著的城市群功能分工的正向空间溢出效应，但经济集聚的溢出效应不显著，且城市间存在一定的竞争；也即珠三角城市群未达到城市群发展的多中心阶段，但脱离了单中心发展模式，呈单中心模式向多中心模式过渡的特点。

对比三大城市群的回馈同时性、空间自回归滞后同时性及空间交叉回归滞后同时性等三大效应（见表7-2-7），可知长三角城市群存在显著的经济集聚与城市群功能分工的正向空间溢出效应，整体而言，长三角城市群扩散效应显著的同时也存在一定的竞争，城市群发育成熟度较高；京津冀城市群存在显著的极化效应，城市群发育水平较低；珠三角城市群存在显著的城市群功能分工的正向空间溢出效应，城市之间也存在一定的竞争，城市群发育水平一般，呈单中心模式向多中心模式过渡的特点。但是，该结论是否可靠有待稳健性检验。

表7-2-7 三大城市群功能分工与经济集聚的空间互动效应对比

变量	长三角城市群		京津冀城市群		珠三角城市群	
	经济集聚	功能分工	经济集聚	功能分工	经济集聚	功能分工
空间自回归系数	0.0158*** (0.0046)	0.0897* (0.0477)	0.0012 (0.0031)	0.0690* (0.0351)	0.0188** (0.0074)	0.0732 (0.0816)
空间交叉回归系数	−0.0834* (0.0454)	−0.014*** (0.0050)	0.0628* (0.0364)	−0.0037 (0.0027)	−0.0476 (0.0569)	−0.0273** (0.0105)
直接反馈系数	0.7143*** (0.1850)	0.5016** (0.2332)	−0.650*** (0.2460)	−0.6842*** (0.1578)	0.6829*** (0.0790)	1.3852*** (0.2199)
控制变量	YES	YES	YES	YES	YES	YES
观测值	117	117	140	140	79	79
拟合系数	0.6831	0.1847	0.5883	0.0032	0.7496	0.2539

注：括号内为标准误，*** $P<0.01$，** $P<0.05$，* $P<0.10$。

7.3.2 稳健性检验

空间计量模型及空间效应的存在性与解释力均依赖于空间权重矩阵的设定，为了检验上述空间联立方程模型的稳健性，本书在原模型框架的基础上，将两个半小时通勤圈作为空间权重矩阵，对空间联立方程模型的稳健性进行检验。

根据长三角城市群稳健性检验的估计结果（见表7-2-8）可知，城市群经济集聚、城市功能分工的空间自回归系数分别为0.0083、0.065，均为正，且分别在1.00%的显著性水平上显著；表明长三角城市群经济集聚呈正向空间溢出效应（邻近区域的经济集聚促进本地经济集聚），城市群功能分工也呈正向空间溢出效应（邻近区域功能分工程度的提高强化了本地城市功能分工）。进一步，城市群功能分工对经济集聚的空间交叉回归系数在5.00%的显著性水平下显著为负（−0.0615）。这表明邻地的城市群功能分工不利于本地的经济集聚，人口、信息、资本等要素作为经济增长及产业结构、经济结构转变的内在动力，其稀缺性使得要素对产业专业化或城市功能分工化存在一定的追逐效应；经济集聚对城市功能分工的空间交叉回归系数在1.00%的显著性水平下为负（−0.009），这表明邻地的经济集聚不利于本地的功能分工，经济增长及产业结构调整对要素存在虹吸效应。城市功能分工对经济集聚的直接反馈系数为正（0.8774），且通过1.00%的显著性水平检验；经济集聚对城市群功能分工的直接反馈系数为0.8227，通过5.00%的显著性水平检验。综上所述，长三角城市群存在显著的经济集聚与城市群功能分工的正向空间溢出效应，但城市群内也存在一定的城市功能分工对相关要素的虹吸效应；长三角城市群扩散效应显著的同时也存在一定的竞争；整体而言，长三角城市群发育水平较高，呈多中心发展模式。表明前述估计结果是稳健的。

表7−2−8　空间互动效应的稳健性估计结果

变量	长三角城市群 经济集聚	长三角城市群 功能分工	京津冀城市群 经济集聚	京津冀城市群 功能分工	珠三角城市群 经济集聚	珠三角城市群 功能分工
空间自回归系数	0.0083*** (0.0025)	0.065*** (0.0233)	0.0064** (0.0025)	0.0444 (0.0301)	0.0155** (0.0047)	0.1127** (0.0443)
空间交叉回归系数	−0.0615** (0.0237)	−0.009*** (0.0024)	−0.0448 (0.0340)	0.0015 (0.0024)	−0.0908** (0.0344)	(0.0057)
直接反馈系数	0.8774*** (0.1661)	0.8227** (0.1929)	0.1519 (0.2967)	0.1252 (0.1642)	0.7421*** (0.1206)	1.0626*** (0.1979)
控制变量	YES	YES	YES	YES	YES	YES
观测值	117	117	140	140	79	79
拟合系数	0.6831	0.1847	0.6011	0.1554	0.7496	0.2539

注：括号内为标准误，*** $P<0.01$，** $P<0.05$，* $P<0.10$。

根据京津冀城市群稳健性检验的估计结果（见表7−2−8）可知，本地城市功能分工对本地经济集聚的直接反馈系数为0.1519，但无法通过5.00%的显著性水平检验；且本地经济集聚对本地城市功能分工的直接反馈系数为0.1252，同样无法通过5.00%的显著性水平检验。城市群功能分工的空间自回归系数为0.0444，但无法通过10.00%的显著性水平检验，经济集聚的空间自回归系数为0.0064，在5.00%的显著性水平显著；进一步，经济集聚对城市功能分工的空间交叉回归系数为0.0015，无法通过5.00%的显著性水平检验，城市功能分工对经济集聚的空间交叉回归系数为−0.0448，但无法通过5.00%的显著性水平检验。综上，京津冀城市群存在显著的极化效应，城市群过度集中之势显现；整体而言，京津冀城市群发育水平较低，呈单中心发展模式。这强化了前述结论的可靠。

根据珠三角城市群稳健性检验的估计结果可知，城市群经济集聚、城市功能分工的空间自回归系数分别为 0.0155、0.1127，均为正，且分别在 5.00% 的显著性水平上显著，这表明珠三角城市群经济集聚呈现出正向空间溢出效应（邻近区域的经济集聚促进本地经济集聚），城市群功能分工也呈现出正向空间溢出效应（邻近区域城市功能分工程度的提高强化了本地城市功能分工）。进一步，城市群功能分工对经济集聚的空间交叉回归系数在 5.00% 的显著性水平下显著为负（-0.0908），这表明邻地的城市群功能分工不利于本地的经济集聚，人口、信息、资本等要素作为经济增长及产业结构、经济结构转变的内在动力，其稀缺性使得要素对产业专业化或城市功能分工化存在一定的追逐效应；经济集聚对城市功能分工的空间交叉回归系数在 1.00% 的显著性水平下为负（-0.0199），这表明邻地的经济集聚不利于本地城市群功能分工，经济增长及产业结构调整对要素存在虹吸效应。城市功能分工对经济集聚的直接反馈系数为正（0.7421），且通过 1.00% 的显著性水平检验；经济集聚对城市功能专业化或城市群功能分工的直接反馈系数为 1.0626，通过 1.00% 的显著性水平检验。综上所述，珠三角城市群存在显著的经济增长与城市功能专业化或城市群功能分工的正向空间溢出效应，但城市群内也存在一定的城市功能分工对相关要素的虹吸效应；珠三角城市群扩散效应显著的同时也存在一定的竞争；整体而言，珠三角城市群发育水平较高；也即珠三角城市群呈多中心模式的特点。这是对前述结论的深化。

7.3.3 结论

基于 Perroux 的"增长极"理论、Hirschman 的"极化－涓滴"理论、Friedman 的"中心－外围"理论、Williamson 的"发展阶段"理论以及 Krugman 的新经济地理学理论，笔者认为随着城市群空间结构由单中心向多中心的转变，城市群功能分工与经济集聚会呈现出不同的空间效应。具体而言，当城市群的空间结构模式处于单中心模式时，城市群功能分工与经济集聚的空间极化效应显著；当城市群的空间结构模式由单中心转向多中心时，城市群功能分工与经济集聚的空间溢出效应显著；进一步，在城市群的多中心模式向网络化深化的过程中，城市群功能分工与经济集聚的空间溢出效应显著为正的同时，城市群功能分工与经济集聚的交叉互动效应也显著为正。

为了对上述理论假说进行检验，本书选取中国最典型且发展最为成熟的长三角、京津冀及珠三角等三大城市群作为研究对象，考察具有不同城市体系特点的城市群，在不同集聚、分散程度的城市群空间结构背景下，城市群功能分工与经济集聚的空间效应。利用 2015 年三大城市群的横截面数据，本书建立了空间联立方程模型，笔者通过实证分析认为当城市群空间结构处于单中心模式时，城市群内直接反馈效应显著为负；当城市群空间结构处于多中心模式时，城市群内直接反馈效应显著为正，且空间溢出效应显著为正。具体来看有以下三点：

第一，长三角城市群存在显著的正向直接反馈效应，且其经济集聚与功能分工的空间溢出效应均显著为正；这表明长三角城市群内中心城市促进了外围城市发展，城市群内扩散力占据主导地位；整体而言，长三角城市群发育水平较高，呈多中心发展模式。第二，京津冀城市群存在显著的负向直接反馈效应，这表明城市群内集聚不经济，极化作用显著，过度集中之势显现，城市群内集聚力占据主导地位；整体而言，京津冀城市群发育水平较低，呈单中心发展模式。第三，珠三角城市群存在显著的正向直接反馈效应，这表明其脱离了单中心发展模式；但是，其空间效应仅有经济集聚的溢出作用显著为正，这表明其还未完全达到多中心模式。故珠三角城市群呈单中心模式向多中心模式过渡的特点。

7.4 城市群协同发展程度的讨论

功能联系视角下的城市群空间结构从单中心到多中心的演变，体现了城市群内中心城市与外围城市之间的联系，尤其反映了城市群内是否存在普遍的中心城市对外围城市的显著促进作用。

第一，长三角城市群存在显著的经济增长与城市群功能分工的空间溢出效应，但城市群内也存在一定的城市功能分工对人口等要素的虹吸效应，在长三角城市群扩散效应显著的同时也存在一定的竞争。整体而言，长三角城市群中心城市对外围城市的促进作用普遍存在，协同发展程度较高。

第二，京津冀城市群存在显著的经济增长的集聚效应，城市群的极化作用显著，过度集中、集聚不经济之势显现。整体而言，京津冀城市群中心城市对外围城市的促进作用较少，协同发展程度低。

第三，珠三角城市群存在显著的城市功能分工的空间溢出效应，但经济增长的溢出效应不显著且城市间存在一定的竞争；综合来看，珠三角城市群的扩散效应还未完全发挥，中心城市对外围城市的促进作用强于京津冀城市群，但弱于长三角城市群。整体而言，珠三角城市群的协同发展程度强于京津冀城市群，弱于长三角城市群。

基于三大城市群的实证分析：一方面，笔者认为城市群空间结构由单中心向多中心的转变，城市群功能分工与经济集聚的确会呈现出不同的空间效应，这在一定程度上弥补了城市群不同发展阶段下，城市群功能分工与经济集聚效应、空间联系的研究空白，为相关理论的发展提供了实证支撑；另一方面，在学界普遍对长三角城市群与珠三角城市群的发育水平孰优孰劣存在分歧上，笔者认为长三角城市群的发育成熟度优于珠三角城市群，并给予了城市群功能分工与经济集聚空间效应角度的实证支持。

7.5 本章小结

自改革开放以来，中国的城镇化进程突飞猛进；自1978年至2018年，中国的城镇常住人口从1.7亿增长至8.3亿，城镇化率从17.9%提升至59.6%。伴随着中国经济、城市的高速发展，逐渐形成了长三角、京津冀、珠三角等发育成熟度不一的十九大城市群。"以城市群为主体构建大、中、小城市和小城镇协调发展的城镇格局"已成为城市群的发展导向；城市群将日益成为新型城镇化的主体形态和现代化建设的重要载体。城市群空间结构的基础理论研究将愈加凸显其重要性。

然而，关于三大城市群空间结构的识别一直存在争议。早期，学术界多基于齐夫指数、首位度、基尼系数等指标构建方法，从人口的角度测算了城市群的多中心性。后期，基于功能联系视角下的城市群的空间结构研究丰富了起来；然而，这些研究也多基于人流、物流、消费流、论文、技术知识合作等新兴角度，依旧采用指标构建方法分析城市群的多中心性。这种"传统"意义上的功能联系视角下的城市群的空间结构研究与以往形态角度的研究，的确能够快速分析城市群的空间结构，但无法反映城市群空间结构演变过程中的本质力量：集聚力与扩散力，这会让人质疑前述研究对城市群的空间结构识别结论的可靠性。

基于此，本书以中国最具代表性且发展最为成熟的长三角城市群、京津冀城市群及珠三角城市群等三大城市群作为研究对象，建立实证分析模型，探讨城市群功能分工与经济集聚的空间效应。本书的研究具有以下实践意义与理论意义：一方面，能够把握不同城市群内部城市之间的协调发展关系，研判未来城市群的发展变化，为城市群的发展提供相关政策建议，具有重要的实践意义；另一方面，也能弥补不同城市空间结构发展阶段下，城市群功能分工与经济集聚效应、空间联系的研究空白，具有重要的理论意义。

城市群空间结构由单中心向多中心、网络化的转变，其功能分工与经济集聚会呈不同的空间效应。具体而言，当城市群的空间结构为单中心模式时，城市群内集聚不经济，过度集中之势显现，城市群内集聚力占据主导地位；城市群功能分工与经济集聚的直接反馈系数显著为负。当城市群的空间结构为多中心模式时，城市群内扩散力占据主导地位，直接反馈系数显著为正的同时，城市群功能分工与经济集聚的空间溢出效应显著为正。城市群多中心模式向网络化模式深化的过程中，扩散力进一步发挥，使得城市之间充分协调发展，直接反馈系数显著为正的同时，城市群功能分工与经济集聚的空间溢出效应与交叉互动效应均显著为正。

利用2015年长三角、京津冀、珠三角城市群的横截面数据，本书建立了空间联立方程模型，通过实证分析得到以下结论：第一，长三角城市群存在显著的正向直接反馈效应，且其经济集聚与功能分工的空间溢出效应均显著为正。这表明，长三角城市群内中心城市促进了外围城市发展，城市群内扩散力占据主导地位。整体而言，长三角城市群发育水平较高，呈现出多中心发展模式。第二，京津冀城市群存在显著的负向直接反馈效应，表明城市群内集聚不经济，极化作用显著，过度集中之势显现，城市群内集聚力占据主导地位。整体而言，京津冀城市群发育水平较低，呈单中心发展模式。第三，珠三角城市群存在显著的正向直接反馈效应，这表明其脱离了单中心发展模式。但是，其空间效应仅有经济集聚的溢出作用显著为正，这表明其还未完全达到多中心模式。故珠三角城市群呈现出单中心模式向多中心模式过渡的特点。

从协同发展出来看，第一，长三角城市群存在显著的经济增长与城市群功能分工的空间溢出效应，但城市群内也存在一定的城市功能分工对人口等要素的虹吸效应。长三角城市群扩散效应显著的同时也存在一定的竞争。整体而言，长三角城市群中心城市对外围城市的促进作用普遍存在，协同发展程度较高。第二，京津冀城市群存在显著的经济增长的集聚效应，城市群的极化作用显著，过度集中之势显现。整体而言，京津冀城市群中心城市对外围城市的促进作用较少，协同发展程度低。第三，珠三角城市群存在显著的城市功能分工的空间溢出效应，但经济增长的溢出效应不显著，且城市间存在一定的竞争。综合来看，珠三角城市群的扩散效应还未完全发挥，中心城市对外围城市的促进作用强于京津冀城市群，但弱于长三角城市群，整体而言，珠三角城市群的协同发展程度强于京津冀城市群，弱于长三角城市群。

第8章 结论与展望

8.1 主要结论

8.1.1 城市群空间结构影响因素

首先，为了探讨促进城市群空间结构朝向多中心、网络化发展的因素，本书利用长三角、京津冀、珠三角三大城市群2007—2018年面板数据建立了面板模型，实证分析认为在众多影响城市群空间结构的因素中（经济发展因素，居民收入因素，人口因素，产业结构及产业分工因素，政府支出等财政因素，道路、公共交通、医疗卫生等公共基础设施建设等因素），仅有经济集聚、功能分工二因素对城市群空间结构扁平化发展、多中心发展存在显著的促进作用。其次，利用十四大城市群2007—2018年面板数据建立面板模型进行稳健性检验发现，城市群经济集聚是城市群空间结构呈现分散的主要动力，城市群功能分工对城市群空间结构的影响则存在门限效应，只有在城市群经济体量较大时，城市群功能分工才对城市群空间结构呈现出显著的扩散力作用。最后，具体来看，这一单一门限效应在长三角、京津冀、珠三角、长江中游、成渝、哈长、辽中南、山东半岛、中原、海峡西岸等绝大部分城市群样本中均为显著。

综上所述，就三大城市群而言，经济集聚、功能分工二因素对城市群空间结构扁平化发展、多中心发展存在显著的促进作用。

8.1.2 功能分工、经济集聚影响机制

本书为了解释功能分工、经济集聚对空间结构变动影响的合理性，进行了影响机制检验。

从理论分析来看，功能分工、经济集聚不仅会对城市群空间结构产生直接

影响，还会通过影响城市群城市间产业同构情况，进而间接影响到城市群空间结构的变动。为了检验这一机制的存在性，笔者从经验事实出发，分析研究了2007—2018年三大城市群功能分工、经济集聚、产业同构、城市群空间结构的具体情况，然后，构建了中介效应模型，实证检验了上述机制的合理性，得到以下结论：

第一，长三角城市群功能分工对城市群空间结构存在部分中介效应，京津冀、珠三角城市群功能分工对城市群空间结构存在完全中介效应，城市群功能分工对空间结构存在显著的中介效应。

第二，长三角、京津冀城市群经济集聚对空间结构存在部分中介效应，珠三角城市群经济集聚对空间结构存在完全中介效应，经济集聚对城市群空间结构影响的中介效应得以检验。

总而言之，在产业同构的考量下，三大城市群经济集聚、功能分工对城市群空间结构均存在显著的中介效应，原机制得到证实。

8.1.3　功能分工与经济集聚空间效应下的城市群空间结构识别

城市群空间结构的演化其本质在于集聚力与扩散力的较量，而集聚力与扩散力的本质区别又在于中心城市能否促进外围城市的发展。故本书采用空间溢出的视角探讨功能联系下的城市群空间结构；然而，从什么角度出发成了研究的重难点。故本书进行了城市群空间结构影响因素分析与机制研究，找出了城市群空间结构朝着多中心、网络化发展过程中最重要的两大因素——功能分工与经济集聚。故本书选择功能分工与经济集聚这一研究角度，与空间效应这一研究方法，深入分析了功能联系视角下的城市群空间结构。功能分工与经济集聚存在双向因果关系，故本书建立了空间联立方程模型进行实证分析。

笔者通过理论分析得出：当城市群内集聚力占据主导地位时，则为城市群的单中心阶段；此时城市群内中心城市汲取外围城市的要素实现自身发展，缺乏中心城市对外围城市的反哺、促进作用；从而体现出城市群内协同、一体化发展水平较低。对应到此处的空间效应模型，则需要直接反馈系数显著为负。当城市群内扩散力占据主导地位时，则为城市群的多中心阶段；此时城市群内中心城市由于人口、产业等要素溢出到外围城市，使得中心城市会反哺、促进外围城市的发展；从而体现出城市群内协同、一体化发展水平较高。对应到此处的空间效应模型，则需要直接反馈系数显著为正，且空间溢出效应均显著为正。具体而言，得到以下结论：

第一，长三角城市群存在显著的正向直接反馈效应且其经济集聚与功能分工的空间溢出效应均显著为正，这表明长三角城市群内中心城市促进了外围城市发展，城市群内扩散力占据主导地位。整体而言，长三角城市群发育水平较高，呈多中心发展模式。

第二，京津冀城市群存在显著的负向直接反馈效应，这表明城市群内集聚不经济，极化作用显著，过度集中之势显现，城市群内集聚力占据主导地位。整体而言，京津冀城市群发育水平较低，呈单中心发展模式。

第三，珠三角城市群存在显著的正向直接反馈效应，这表明其脱离了单中心发展模式；但是，其空间效应仅有经济集聚的溢出作用显著为正，这表明其还未完全达到多中心模式。故珠三角城市群具有单中心模式向多中心模式过渡的特点。

8.1.4　城市群协同发展程度的讨论

第一，长三角城市群存在显著的经济集聚与城市群功能分工的空间溢出效应，但城市群内也存在一定的城市功能分工对人口等要素的虹吸效应；长三角城市群扩散效应显著的同时也存在一定的竞争；长三角城市群中心城市对外围城市的促进作用普遍存在，协同发展程度较高。第二，京津冀城市群的极化作用显著，集聚不经济，过度集中之势显现；京津冀城市群中心城市对外围城市的促进作用较少，协同发展程度低。第三，珠三角城市群存在显著的城市功能分工的空间溢出效应，但经济集聚的溢出效应不显著，且城市间存在一定的竞争；珠三角城市群的扩散效应还未完全发挥，中心城市对外围城市的促进作用强于京津冀城市群，但弱于长三角城市群，珠三角城市群的协同发展程度强于京津冀城市群，弱于长三角城市群。

2018年，在中国国际进口博览会的主旨演讲上，习近平总书记明确表明要将长三角一体化上升为国家重要发展战略。[①] 到底该如何促进城市群一体化、协同发展？本书从城市群空间结构演化的客观规律出发指出，从城市群协同发展角度来看，政府部门可以通过促进城市群内城市之间的功能分工，从而推动城市群空间结构朝向多中心发展；进而推动城市群城市间的协同发展。

---

① 习近平. 共建创新包容的开放型世界经济——在首届中国国际进口博览会开幕式上的主旨演讲[EB/OL].（2018－11－5）[2021－4－20]. http://news.cctv.com/2018/11/05/ARTIuCxQkrUrpk8ulDRYHu6v181105.shtml.

8.2 研究展望

本书还存在几点不足，可作为未来研究的方向：第一，本书仅采用了中国沿海三大城市群作为研究样本，可能对研究结果产生一定的偏误，相关理论的提炼尚需来自中国其他城市群及世界其他城市群的检验。第二，由于数据的限制，本书关于功能分工、经济集聚空间效应的分析只能利于截面数据进行建模分析，如果有县域面板数据，功能分工、经济集聚的空间效应能够得到更深入的分析，关于空间效应的识别较依赖于权重矩阵，主要采用谷歌云数据中两个小时、两个半小时交通通勤时间作为权重矩阵的构建依据具有一定的适用性，但是该数据依赖于城市中心的选择，如果能获得更好的交通数据，功能分工、经济集聚的空间效应能够得到更深入的分析。

参考文献

Agarwal A, Giuliano G, Redfearn C L, 2012. Strangers in Our Midst: the Usefulness of Exploring Polycentricity [J]. The Annals of Regional Science, 48 (2): 433−450.

Alderson A S, Beckfield J, 2004. Power and Position in the World City System [J]. American Journal of Sociology, 109 (4): 811−851.

Arrow K J, 1962. The Economic Implication of Learning by Doing [J]. Review of Economic Studies, 29 (3): 24−29.

Berry D, 2010. Effects of Urbanization on Agricultural Activities [J]. Growth and Change, 9 (3): 2−8.

Brunelle C, 2013. The Growing Economic Specialization of Cities: Disentangling Industrial and Functional Dimensions in the Canadian Urban System, 1971−2006 [J]. Growth and Change, 44 (3): 443−473.

Burger M, Meijers E, 2012. Form Follows Function? Linking Morphological and Functional Polycentricity [J]. Urban Studies, 49 (5): 1127−1149.

Carlino G, Kerr W R, 2014. Agglomeration and Innovation [J]. Handbook of Regional and Urban Economics (5): 349−404.

Ciccone A., Hall R, 1996. Productivity and the Density of Economic Activity [J]. American Economic Review, 86 (1): 54−70.

Diego Puga, 2010. The Magnitude and Causes of Agglomeration Economies. Journal of Regional Science, 50 (1): 203−219.

Duranton G, Puga D, 2000. Diversity and Specialisation in Cties: Why, Where and When Does It Matter? [J]. Urban studies, 37 (3): 533−555.

Duranton G, Puga D, 2005. From Sectoral to Functional Urban Specialisation [J]. Journal of Urban Economics, 57 (2): 343−370.

Frenken K, Van Oort F, Verburg T, 2007. Related Variety, Unrelated

Variety and Regional Economic Growth [J]. Regional Studies, 41 (5): 685—697.

Fresca T M, Veiga L A, 2011. Small Cities and Functional Specialization: the Case of Santa Fé-PR [J]. Sociedade & Natureza, 23 (3): 387—395.

Fujita M, Tabuchi T, 1997. Regional Growth in Postwar Japan [J]. Regional Science and Urban Economics, 27 (6): 643—670.

Gaile G L, 1980. The Spread-backwash Concept [J]. Regional Studies, 14 (1): 15—25.

Giuliano G, Kang S, Yuan Q, 2019. Agglomeration Economies and Evolving Urban Form [J]. The Annals of Regional Science, 63 (2): 377—398.

Giulio Caineilli, Donato Lacobucci, 2012. Agglomeration, Related Variety and Vertical Integration [J]. Economic Geography, 88 (3): 255—277.

Hackbart M M, Anderson D A, 1975. On Measuring Economic Diversification [J]. Land Economics, 51 (4): 374—378.

Hall P, Pain K, 2006. The Polycentric Metropolis: Learning from Mega-city Regions in Europe [M]. London: Earthscan Publications.

Hansent N M, 1975. An Evaluation of Growth-Center Theory and Practice [J]. Environment and Planning A: Economy and Space, 7 (7): 821—832.

Harris C D, 1954. The Market as a Factor on the Localization of Industry in the United States [J]. Annals of the Association of American Geographers, 44 (4): 315—348.

Heikkila E, 1989. What Happened to the CBD-Distance Gradient: Land Values in A Polycentric City [J]. Environment and Planning A, 21 (2): 221—232.

Henderson J V, 1997. Externalities and Industrial Development [J]. Journal of Urban Economics, 42 (3): 449—470.

Higgens B, 1983. From Growth Poles to Systems of Interactions in Space [J]. Growth and Change, 14 (4): 3—13.

Hirschman A O, 1957. Economic Policy in Underdeveloped Countries [J]. Economic and Cultural Change, 5 (4): 362—370.

Kemeny T, Storper M, 2014. Is Specialization Good for Regional Economic Development? [J]. Regional Studies, 49 (6): 1—16.

Krugman P R, 1991. History and Industry Location: The Case of the Manufacturing Belt [J]. American Economic Review, 81 (2): 80—83.

Krugman P R, 1991. Increasing Returns and Economic Geography [J]. Journal of Political Economy, 99 (3): 483−499.

Krugman P R, Venables A J, 1995. Globalization and the Inequlity of Nations [J]. Quarterly Journal of Economics, 110 (4): 857−880.

Lessmann C, 2014. Spatial Inequality and Development−Is There an Inverted−U Relationship [J]. Journal of Development Economics, 106 (c): 35−51.

Liu X J, Derudder B, Wu K, 2015. Measuring Polycentric Urban Development in China: An Intercity Transportation Network Perspective [J]. Regional Studies, 50 (8): 1302−1315.

Lucas R E, 1988. On the Mechanics of Economic Development [J]. Journal of Monetary Economics, 22 (1): 3−42.

Marshall A, 1890. Principles of Economics [M]. London: Macmillan.

McDonald J. F, Prather P, 1994. Suburban Employment Centers: The Case of Chicago [J]. Urban Studies, (31): 201−218.

Meijers E J, Burger M J, 2010. Spatial Structure and Productivity in US Metropolitan Areas [J]. Environment and Planning A, 42 (6): 1383−1402.

Myrdal K G, 1957. Economic Theory and Under−Developed Regions [M]. London: Gerald Duckworth.

Ottaviano G I P, 2010. 'New'New Economic Geography: Firm Heterogeneity and Agglomeration Economies [J]. Journal of Economic Geography, 11 (2): 231−240.

Perroux F, 1950. Economic Space: Theory and Application [J]. Quarterly Journal of Economics, 64 (1): 89−104.

Richardson, H W, 1976. Growth Pole Spillovers: the Dynamics of Backwash and Spread [J]. Regional Studies, 10 (1): 1−9.

Romer P M, 1986. Increasing Returns and Long−run Growth [J]. Journal of Political Economy, 94 (5): 1002−1037.

Small K A, Song S, 1994. Population and Employment Densities: Structure and Change [J]. Journal of Urban Economics, 36 (3): 292−313.

Smith D A, Timberlake M F, 2001. World City Networks and Hierarchies, 1977−1997: An Empirical Analysis of Global Air Travel Links [J]. American Behavioral Scientist, 44 (10): 1656−1678.

Sukkoo K, 1995. Expansion of Markets and the Geographic Distribution of Economic Activities: the Trends in U. S. Regional Manufacturing Structure, 1860－1987 [J]. The Quarterly Journal of Economics, 110 (4): 881-908.

Tabuchi T J, 1998. Urban Agglomeration and Dispersion: A Synthesis of Alonso and Krugman [J]. Journal of Urban Economics, 44 (3): 333-351.

Van Oort F, Burger M, Raspe O, 2010. On the Economic Foundation of the Urban Network Paradigm: Spatial Integration, Functional Integration and Economic Complementarities Within the Dutch Randstad [J]. Urban Studies, 47 (4): 725-748.

Van Oort F, de Geus S, Dogaru T, 2015. Related Variety and Regional Economic Growth in a Cross－Section of European Urban Regions [J]. European Planning Studies, 23 (6): 1110-1127.

Venables A J, 1996. Equilibrium Locations of Vertically Linked Industries [J]. International Economic Review, 37 (2): 341-359.

Williamson J G, 1965. Regional Inequality and the Process of National Development: A Description of the Patterns [J]. Economic Development and Cultural Change, 13 (4): 3-45.

Ying L G, 2000. Measuring the Spillover Effects: Some Chinese Evidence [J]. Papers in Regional Science, 79 (1): 75-89.

Zhu H, Dai Z, Jiang Z, 2017. Industrial Agglomeration Externalities, City Size, and Regional Economic Development: Empirical Research Based on Dynamic Panel Data of 283 Cities and GMM Method [J]. Chinese Geographical Science, 27 (3): 456-470.

白永亮, 党彦龙, 2014. 长江中游城市群空间作用机理与空间结构研究 [J]. 宏观经济研究 (11): 47-58+95.

毕玉凯, 2018. 空间视角下我国城市产业集聚演变和功能分工研究 [D/OL]. 济南: 山东大学, [2018-5-12]. https://kreader.cnki.net/Kreader/CatalogViewPage.aspx? dbCode = CMFD&filename = 1018108730. nh&tablename = CMFD201802&compose = &first = 1&uid = WEEvR EcwSlJHSldSdmVqM1BLYmtGRmprUFN6MEIzdnFGdUIxNS82NHM3az0 = $9A4hF＿YAuvQ5 obgVAqNKPCYcEjKensW4IQMovwHtwkF4VYPo HbKxJw.

柴志贤，何伟财，2016. 城市功能、专业化分工与产业效率［J］. 财经论丛（11）：11－20.

陈国亮，陈建军，2012. 产业关联、空间地理与二三产业共同集聚——来自中国212个城市的经验考察［J］. 管理世界（4）：82－100.

陈金英，2016. 中国城市群空间结构及其对经济效率的影响研究［D/OL］. 长春：东北师范大学，［2016－6－1］. https：//kreader. cnki. net/Kreader/CatalogView Page. aspx? dbCode = CDFD&filename = 1016120541. nh&tablename = CDFDLAST2017&compose = &first = 1&uid = WEEvREcwSlJHSldSdmVqM1BLYmtGRmprUFN6MEIzdnFGdUIxNS82NHM3az0 = ＄9A4hF_YAuvQ5obgVAqNKPCYcEjKensW4IQMovwHtwkF4VYPoHbKxJw.

陈耀，1998. 产业结构趋同的度量及合意与非合意性［J］. 中国工业经济（4）：37－43.

崔大树，李鹏举，2017. 长三角城市群层级性及空间组织模式构建［J］. 区域经济评论（4）：89－98.

邓元慧，2015. 城际轨道交通与城市群空间结构演化及协调研究［D/OL］. 北京：北京交通大学，［2015－06－01］. https：//kreader. cnki. net/Kreader/Catalog ViewPage. aspx? dbCode = CDFD&filename = 1015611871. nh&tablename = CDFDLAST2015&compose = &first = 1&uid = WEEvREcwSlJHSldSdmVqM1BLYmtGRmprUFN6MEIzdnFGdUIxNS82NHM3az0 = ＄9A4hF_YAuvQ5obgVAqNKPCYcEjKensW4IQMovwHtwkF4VYPoHbKxJw.

樊少云，2018. 京津冀城市空间结构演变及其影响因素研究［D/OL］. 秦皇岛：燕山大学，［2018－05－01］. https：//kreader. cnki. net/Kreader/CatalogViewPage. aspx? dbCode = CMFD&filename = 1018877899. nh&tablename = CMFD201901 &compose = &first = 1&uid = WEEvREcwSlJHSldSdmVqM1BLYmtGRmprUFN6MEIzdnFGdUIxNS82NHM3az0 = ＄9A4hF_YAuvQ5obgVAqNKPCYcEjKensW4IQMovwHtwkF4VYPoHbKxJw.

范剑勇，2004. 市场一体化、地区专业化与产业集聚趋势——兼谈对地区差距的影响［J］. 中国社会科学（6）：39－51.

范剑勇，邵挺，2011. 房价水平、差异化产品区位分布与城市体系［J］. 经济研究，46（2）：87－99.

范剑勇，谢强强，2010. 地区间产业分布的本地市场效应及其对区域协调发展

的启示 [J]. 经济研究, 45 (4): 107−119+133.

方创琳, 王振波, 马海涛, 2018. 中国城市群形成发育规律的理论认知与地理学贡献 [J]. 地理学报, 73 (4): 651−665.

方佳琳, 刘艳芳, 王好峰, 2015. 国内城市等级体系划分的基础指标探究 [J]. 国土与自然资源研究 (5): 9−13.

付强, 2017. 市场分割促进区域经济增长的实现机制与经验辨识 [J]. 经济研究, 52 (3): 47−60.

葛宝琴, 2010. 城市化、集聚增长与中国区域经济协调发展 [D/OL]. 杭州: 浙江大学, [2010−09−06]. https: //kreader. cnki. net/Kreader/CatalogView Page. aspx? dbCode=CDFD&filename=1011066000. nh&tablename = CDFD0911&compose = &first = 1&uid = WEEvREcwSlJHSldSdmVqQM1BLY mtGRmprUFN6MEIzdnFGdUIxNS82NHM3az0= $9A4hF _ YAuvQ 5obg VAqNKPCYcEjKensW4IQMovwHtwkF4VYPoHbKxJw.

顾朝林, 甄峰, 张京祥, 2000. 集聚与扩散——城市空间结构新论 [M]. 南京: 东南大学出版社.

郝良峰, 邱斌, 2016. 基于同城化与产业同构效应的城市层级体系研究——以长三角城市群为例 [J]. 重庆大学学报 (社会科学版), 22 (1): 22−32.

贺灿飞, 肖晓俊, 2011. 跨国公司功能区位实证研究 [J]. 地理学报, 66 (12): 1669−1681.

贺灿飞, 肖晓俊, 邹沛思, 2012. 中国城市正在向功能专业化转型吗？——基于跨国公司区位战略的透视 [J]. 城市发展研究, 19 (3): 20−29.

侯韵, 孙铁山, 2016. 中国城市群空间结构的经济绩效——基于面板数据的实证分析 [J]. 经济问题探索 (2): 80−88.

华杰媛, 2017. 中国城市群空间结构的演化、影响因素与经济绩效——基于形态单中心−多中心视角 [D/OL]. 上海: 华东师范大学, [2017−05−01]. https: //kreader. cnki. net/Kreader/CatalogViewPage. aspx? dbCode = CMFD& filename = 1017074324. nh&tablename = CMFD201801&compose =&first=1&uid=WEEvREcwSlJHSldSdmVqQM1BLYmtGRmprUFN6MEI zdnFGdU IxNS82NHM3az0= $9A4hF _ YAuvQ5obgVAqNKPCYcEjKens W4IQMo vwHtwkF4VYPoHbKxJw.

黄妍妮, 高波, 魏守华, 2016. 中国城市群空间结构分布与演变特征 [J]. 经济学家 (9): 50−58.

江静, 刘志彪, 2006. 商务成本: 长三角产业分布新格局的决定因素考察 [J].

上海经济研究（11）：87-96.

江曼琦，2001. 城市空间结构优化的经济分析［M］. 北京：人民出版社.

金田林，2017. 城市规模分布与区域经济增长：理论与经验证据［D/OL］. 西安：西北大学，［2017-12-01］. https：//kreader.cnki.net/Kreader/Catalog ViewPage.aspx? dbCode=CDFD&filename=1018045758.nh&tablename=CDFDLAST2018&compose=&first=1&uid=WEEvREcwSlJHSldSdmVq M1BLYmtGRmprUFN6MEIzdnFGdUIxNS82NHM3az0=$9A4hF_YA uvQ5obgVAqNKPCYcEjKensW4IQMovwHtwkF4VYPoHbKxJw.

靳艳峰，李钢，2015. 基于灰色聚类分析的京津冀城市群层级划分研究［J］. 北京邮电大学学报（社会科学版），17（6）：70-76.

柯善咨，2010. 中国中西部发展中城市的增长极作用［J］. 地理研究，29（3）：521-534.

柯善咨，郭素梅，2010. 中国市场一体化与区域经济增长互动：1995-2007年［J］. 数量经济技术经济研究，27（5）：62-72+87.

孔海涛，于庆瑞，张小鹿，2019. 环境规制、经济集聚与城市生产率［J］. 经济问题探索（1）：75-87.

李东泉，翁滔源，2018. 社会资本视角下的我国城市体系研究——基于国际友好城市的数据［J］. 城市发展研究，25（12）：72-81.

李刚，2020. 人口老龄化的碳减排效应研究［J］. 环境经济研究，5（2）：64-75.

李国平，孙铁山，2013. 网络化大都市：城市空间发展新模式［J］. 城市发展研究，20（5）：83-89.

李佳洺，张文忠，孙铁山，等，2014. 中国城市群集聚特征与经济绩效［J］. 地理学报，69（4）：474-484.

李鹏举，2017. 长三角城市群层级体系演化分析［D/OL］. 杭州：浙江财经大学，［2017-12-01］. https：//kreader.cnki.net/Kreader/Catalog ViewPage.aspx? dbCode=CMFD&filename=1018046695.nh&tablename=CMFD 201801&compose=&first=1&uid=WEEvREcwSlJHSld SdmVqM1BLYmtG RmprUFN6MEIzdnFGdUIxNS82NHM3az0=$9A4hF_YAuvQ5obgVAq NKPCYcEjKensW4IQMovwHtwkF4VYPoHbKxJw.

李秋丽，2017. 长江中游城市群城市空间联系及网络结构研究——基于信息流视角［D/OL］. 武汉：武汉大学，［2017-05-01］. https：//kreader.cnki.

net/Kreader/CatalogViewPage. aspx? dbCode=CMFD&filename=1017065533. nh&tablename = CMFD 201702&compose = &first = 1&uid = WEEvREcwSlJHSldSdmVqM1BLYmtGRm prUFN6MEIzdnFGdUIxNS82NHM3az0 = $9A4hF_YAuvQ5obgVAqNKPCYcE jKensW4IQMovwHtwkF4VYPoHbKxJw.

李思维, 2016. 长江中游城市群经济发展回流效应研究 [D/OL]. 武汉: 武汉大学, [2016-05-01]. https://kreader.cnki.net/Kreader/CatalogViewPage. aspx? dbCode=CDFD&filename=1016124167. nh&tablename=CDFDLAST2017&compose=&first=1&uid=WEEvREcwSlJHSldSdmVqM1BLY mtGRmprUFN6MEIzdnFGdUIxNS82NHM3az0 = $9A4hF_YAuvQ5obg VAqNKPCYcEjKensW4IQMovwHtwkF4VYPoHbKxJw.

李小建, 樊新生, 2006. 欠发达地区经济空间结构及其经济溢出效应的实证研究——以河南省为例 [J]. 地理科学, 26 (1): 1-6.

李泽众, 沈开艳, 2020. 城市群空间结构对经济高质量发展的影响 [J]. 广东社会科学 (2): 26-36.

梁琦, 陈强远, 王如玉, 2013. 户籍改革、劳动力流动与城市层级体系优化 [J]. 中国社会科学 (12): 36-59+205.

梁琦, 黄利春, 2014. 要素集聚、产业时空变动与城市层级体系 [J]. 城市与环境研究, 1 (2): 13-24.

林伯强, 谭睿鹏, 2019. 中国经济集聚与绿色经济效率 [J]. 经济研究, 54 (2): 119-132.

刘传江, 吕力, 2005. 长江三角洲地区产业结构趋同、制造业空间扩散与区域经济发展 [J]. 管理世界 (4): 35-39.

刘海滨, 刘振灵, 2009. 辽宁中部城市群城市职能结构及其转换研究 [J]. 经济地理, 29 (8): 1293-1297.

刘璐, 2019. 基于多元数据的中国十大城市群空间结构演变研究 [D/OL]. 北京: 北京交通大学, [2019-06-01]. https://kreader.cnki.net/Kreader/CatalogViewPage. aspx? dbCode = CMFD&filename = 1019214668. nh&tablename = CMFD202001&compose=&first=1&uid=WEEvREcwSlJHSldSdmVqM1BLYmtGRmprUFN6MEIzdnFGdUIxNS82NHM3az0 = $9A4hF_YAuvQ5obgVAqNKPCYcEjKensW4IQMovwHtwkF4VYPoHbKxJw.

刘乃全, 邓敏, 2018. 多中心结构模式与长三角城市群人口空间分布优化 [J]. 产业经济评论 (4): 91-103.

谢杰，李鹏，2015. 中国农业现代化进程直接影响因素与空间溢出效应［J］. 农业经济问题，36（8）：42-48，111.

刘云中，何建武，2019. 中国区域制造业结构同构的变化及分析［J］. 经济纵横（10）：74-83+129.

陆大道，2001. 论区域的最佳结构与最佳发展——提出"点-轴系统"和"T"型结构以来的回顾与再分析［J］. 地理学报，56（2）：127-135.

陆杰华，王伟进，2014. 当代中国城市层级体系的变迁特点分析——基于2001年和2011年地级市的观察［J］. 中国特色社会主义研究（1）：74-80.

马海涛，黄晓东，李迎成，2018. 粤港澳大湾区城市群知识多中心的演化过程与机理［J］. 地理学报，73（12）：2297-2314.

马文艳，2018. 我国区域产业同构程度测算和效率分析［J］. 商业经济研究（15）：148-150.

马燕坤，2016. 城市群功能空间分工形成的演化模型与实证分析［J］. 经济管理，38（12）：31-46.

马燕坤，张雪领，2018. 从国际产业分工到城市群城市功能分工的文献述评［J］. 区域经济评论（6）：92-98.

马燕坤，张雪领，2019. 中国城市群产业分工的影响因素及发展对策［J］. 区域经济评论（6）：106-116.

马莹，2014. 城市群产业分工与要素集聚关系的实证分析［D/OL］. 哈尔滨：哈尔滨工业大学，［2014-06-01］. https：//kreader. cnki. net/Kreader/Catalog ViewPage. aspx? dbCode = CMFD&filename = 1014082710. nh&tablename = CMFD201501&compose = &first = 1&uid = WEEvREcwSlJHSldSdmVqM1BLYmtGRmprUFN6MEIzdnFGdUIxNS82NHM3az0 = ＄9A4hF_YAuvQ5obgVAqNKPCYcEjKensW4IQMovwHtwkF4VYPoHbKxJw.

孟祥林，2019. 城市群内中心地的功能互补与等级有序的差异化发展——兼论京津冀多层次多中心城市体系的建构［J］. 上海城市管理，28（5）：21-30.

倪鹏飞，2008. 中国城市竞争力报告（NO. 6）［M］. 北京：社会科学文献出版社.

欧向军，薛丽萍，顾雯娟，2015. 江苏省县市经济联系的空间特征［J］. 经济地理，35（8）：24-31.

潘文卿，2012. 中国的区域关联与经济增长的空间溢出效应［J］. 经济研究47（1）：54-65.

齐讴歌，赵勇，2014. 城市群功能分工的时序演变与区域差异［J］. 财经科学（7）：114-121.

尚永珍，陈耀，2020. 城市群内功能分工有助于经济增长吗？——基于十大城市群面板数据的经验研究［J］. 经济经纬，37（1）：1-8.

邵帅，张可，豆建民，2019. 经济集聚的节能减排效应：理论与中国经验［J］. 管理世界，35（1）：36-60，226.

施祖麟，2007. 区域经济发展：理论与实证［M］. 北京：社会科学文献出版社.

石郑，2016. 京津冀协同发展下的城市功能分工与互补性研究［D/OL］. 北京：首都经济贸易大学，［2016-03-01］. https：//kreader. cnki. net/Kreader/CatalogViewPage. aspx? dbCode=CMFD&filename=1016184773. nh&tablename=CMFD201701&compose=&first=1&uid=WEEvREcwSlJHSldSdmVqM1BLYmtGRmprUFN6MEIzdnFGdUIxNS82NHM3az0=＄9A4hF_YAuvQ5obgVAqNKPCYcEjKensW4IQMovwHtwkF4VYPoHbKxJw.

史官清，2015. 从"掠夺之手"到"扶持之手"——城镇化的反思与转型［J］. 财经理论研究（2）：7-13.

史雅娟，朱永彬，冯德显，等，2012. 中原城市群多中心网络式空间发展模式研究［J］. 地理科学，32（12）：1430-1438.

宋帅，2019. 城市群中城市首位度对城市群功能分工的影响研究［D/OL］. 广州：广东省社会科学院，［2019-04-26］. https：//kreader. cnki. net/Kreader/Catalog ViewPage. aspx? dbCode = CMFD&filename = 1019193098. nh&tablename = CMFD201902&compose = &first = 1&uid = WEEvREcwSlJHSldSdmVqM1BLYmt GRmprUFN6MEIzdnFGdUIxNS82NHM3az0 = ＄9A4hF_YAuvQ5obgVAqNKPCYcEjKensW4IQMovwHtwkF4VYPoHbKxJw.

苏红健，赵坚，2011. 产业专业化、职能专业化与城市经济增长——基于中国地级单位面板数据的研究［J］. 中国工业经济（4）：25-34.

孙斌栋，丁嵩，2016. 大城市有利于小城市的经济增长吗？——来自长三角城市群的证据［J］. 地理研究，35（9）：1615-1625.

孙斌栋，郭睿，陈玉，2019. 中国城市群的空间结构与经济绩效——对城市群空间规划的政策启示［J］. 城市规划，43（9）：37-42+85.

孙斌栋，华杰媛，李琬，等，2018. 中国城市群空间结构的演化与影响因素——基于人口分布的形态单中心——多中心视角［J］. 地理科学进展，

36（10）：1294-1303.

孙斌栋，金晓溪，林杰，2019. 走向大中小城市协调发展的中国新型城镇化格局——1952年以来中国城市规模分布演化与影响因素［J］. 地理研究，38（1）：75-84.

孙东琪，张京祥，胡毅，等，2013. 基于产业空间联系的"大都市阴影区"形成机制解析——长三角城市群与京津冀城市群的比较研究［J］. 地理科学，33（9）：1043-1050.

孙明月，2016. 高速铁路对长三角城市群空间结构重构及经济效应研究［D/OL］. 马鞍山：安徽工业大学，［2016-05-25］. https://kreader.cnki.net/Kreader/CatalogViewPage.aspx?dbCode=CMFD&filename=1016297350.nh&tablename=CMFD201701&compose=&first=1&uid=WEEvREcwSlJHSldSdmVqM1BLYmtGRmprUFN6MEIzdnFGdUIxNS82NHM3az0=$9A4hF_YAuvQ5obgVAqNKPCYcEjKensW4IQMovwHtwkF4VYPoHbKxJw.

孙平军，丁四保，修春亮，等，2011. 湖北"人口-经济-空间"城市化及其层级结构［J］. 长江流域资源与环境，20（10）：1172-1179.

孙铁山，王兰兰，李国平，2012. 北京都市区人口-就业分布与空间结构演化［J］. 地理学报，67（6）：829-840.

孙阳，姚士谋，张落成，2018. 中国沿海三大城市群城市空间网络拓展分析——以综合交通信息网络为例［J］. 地理科学，38（6）：827-837.

陶长琪，彭永樟，2017. 经济集聚下技术创新强度对产业结构升级的空间效应分析［J］. 产业经济研究（3）：91-103.

汪聪聪，王益澄，马仁锋，等，2019. 经济集聚对雾霾污染影响的空间计量研究——以长江三角洲地区为例［J］. 长江流域资源与环境，28（1）：1-11.

汪伟，刘玉飞，彭冬冬，2015. 人口老龄化的产业结构升级效应研究［J］. 中国工业经济（11）：47-61.

王春杨，吴国誉，张超，2015. 基于DMSP/OLS夜间灯光数据的成渝城市群空间结构研究［J］. 城市发展研究，22（11）：20-24.

王磊，2001. 城市产业结构调整与城市空间结构演化——以武汉市为例［J］. 城市规划汇刊（3）：55-58+80-82.

王磊，高倩，2018. 长江中游城市群空间结构的经济绩效影响研究［J］. 人文地理，33（6）：96-102.

王如玉，王志高，梁琦，等，2019. 金融集聚与城市层级［J］. 经济研究，54（11）：165-179.

王姗, 2017. 成渝城市群层级体系研究 [D/OL]. 徐州：江苏师范大学, [2017－06－01]. https：//kreader. cnki. net/Kreader/CatalogViewPage. aspx? dbCode = CMFD&filename = 1017814222. nh&tablename = CMFD201702&compose = &first = 1&uid = WEEvREcwSlJHSldSdmVqM1BLYmt GRmprUFN6MEIzdnFGdUIxNS82NHM3az0= ＄9A4hF ＿ YAuvQ5obgVAqNK PCYcEjKensW4IQMovwHtwkF4VYPoHbKxJw.

王少剑, 高爽, 王宇渠, 2019. 基于流空间视角的城市群空间结构研究——以珠三角城市群为例 [J]. 地理研究, 38 (8)：1849－1861.

王婷, 2016. 中国城市群空间结构的特征、影响因素与经济绩效研究 [D/OL]. 上海：华东师范大学, [2016－05－01]. https：//kreader. cnki. net/Kreader/Catalog ViewPage. aspx? dbCode = CMFD&filename = 1016146052. nh&tablename = CMFD201602&compose = &first = 1&uid = WEEvREcw SlJHSldSdmVqM1BLYmt GRmprUFN6MEIzdnFGdUIxNS82NHM3az0= ＄9A 4hF ＿ YAuvQ5obgVAqNK PCYcEjKensW4IQMovwHtwkF4VYPoHbKxJw.

王仪文, 2019. 京津冀区域发展不协调问题分析评测与实证研究 [J]. 当代经济 (8)：17－21.

王玉祺, 2014. 产业结构调整影响的城市空间结构优化研究——以重庆市主城区为例 [D/OL]. 重庆：重庆大学, [2014－05－01]. https：//kreader. cnki. net/Kreader/CatalogView Page. aspx? dbCode = CMFD&filename = 1014045513. nh&tablename = CMFD 201501&compose = &first = 1&uid = WEEvREcwSlJHSldSdmVqM1BLYmtG RmprUFN6MEIzdnFGdUIxNS82NHM3az0= ＄9A4hF ＿ YAuvQ5obgVAqN KPCYcEjKensW4IQMovwHtwkF4VYPoHbKxJw.

王钊, 杨山, 龚富华, 等, 2017. 基于城市流空间的城市群变形结构识别——以长江三角洲城市群为例 [J]. 地理科学, 37 (9)：1337－1344.

魏后凯, 2007. 大都市区新型产业分工与冲突管理——基于产业链分工的视角 [J]. 中国工业经济 (2)：28－34.

温洁洁, 2007. 珠三角城市群中心城市竞争和功能联系研究 [D/OL]. 广州：暨南大学, [2007－04－15]. https：//kreader. cnki. net/Kreader/CatalogView Page. aspx? dbCode＝CMFD&filename＝2007191708. nh&tablename＝CMFD 2008&compose＝&first＝1&uid＝WEEvREcwSlJHSldSdmVqM1BLYmtGRmpr UFN6MEIzdnFGdUIxNS82NHM3az0 = ＄9A4hF ＿ YAuvQ5obgVAqNKPCYc EjKensW4IQMovwHtwkF4VYPoHbKxJw.

伍骏骞，阮建青，徐广彤，2017. 经济集聚、经济距离与农民增收：直接影响与空间溢出效应［J］. 经济学（季刊），16（1）：297-320.

许学强，周一星，宁越敏，2009. 城市地理学［M］. 北京：高等教育出版社.

严重敏，1989. 试论我国城乡人口划分标准和城市规模等级问题［J］. 人口与经济（2）：50-55.

杨巧，陈诚，2019. 经济集聚、住房支付能力与流动人口城市迁移意愿［J］. 现代财经（天津财经大学学报），39（1）：29-45.

杨洋，李雅静，何春阳，等，2016. 环渤海地区三大城市群城市规模分布动态比较——基于1992-2012年夜间灯光数据的分析和透视［J］. 经济地理，36（4）：59-69.

姚常成，2019. 多中心空间结构视角下新时代中国城市群的协调发展研究［D/OL］. 长春：吉林大学，［2019-06-01］. https：//kreader.cnki.net/Kreader/Catalog ViewPage.aspx? dbCode=CDFD&filename=1019139243.nh&tablename=CDFDLAST2019&compose=&first=1&uid=WEEvREcwSlJHSldSdmVqM1BLYmtGRmprUFN6MEIzdnFGdUIxNS82NHM3az0=＄9A4hF_YAuvQ5obgV AqNKPCYcEjKensW4IQMovwHtwkF4VYPoHbKxJw.

姚士谋，汤茂林，陈爽，等，2004. 区域与城市发展论［M］. 合肥：中国科学技术大学出版社.

叶磊，段学军，欧向军，2016. 基于社会网络分析的长三角地区功能多中心研究［J］. 中国科学院大学学报，33（1）：75-81.

易红，2016. 城市规模、专业化分工与城市生产率研究［D/OL］. 重庆：西南大学，［2016-05-25］. https：//kreader.cnki.net/Kreader/Catalog ViewPage.aspx? dbCode=CMFD&filename=1016765953.nh&tablename=CMFD 201701&compose=&first=1&uid=WEEvREcwSlJHSldSdm VqM1BLY mtGRmprUFN6MEIzdnFGdUIxNS82NHM3az0=＄9A4hF_YAuvQ5obgV AqNKPCYcEjKensW4IQMovwHtwkF4VYPoHbKxJw.

阴俊，2018. 辽中城市群空间结构从多中心化向单中心化"逆发展"的机理研究［D/OL］. 长春：吉林大学，［2018-12-01］. https：//kreader.cnki.net/Kreader/CatalogViewPage.aspx? dbCode=CDFD&filename=1019000994.nh&tablename=CDFDLAST2019&compose=&first=1&uid=WEEvR EcwSlJHSldSdmVqM1BLYmtGRmprUFN6MEIzdnFGdUIxNS82NHM3az0=＄9A4hF_YAuvQ5obgVAqNKPCYcEjKensW4IQMovwHtwkF4VYPoH bKxJw.

余东华，张昆，2020. 要素市场分割、产业结构趋同与制造业高级化［J］. 经济与管理研究，41（1）：36-47.

曾鹏，李洪涛，2019. 中国城市群连绵带的城市层级体系协同发展模式构建及实现路径研究［J］. 海派经济学，17（3）：101-114.

詹国辉，刘邦凡，王奕骅，2015. 中心边缘理论与区域经济的研究脉络——兼评中心边缘理论与核心外围理论的逻辑差异［J］. 南京财经大学学报（4）：16-22.

张浩然，衣保中，2012. 城市群空间结构特征与经济绩效——来自中国的经验证据［J］. 经济评论（1）：42-47+115.

张颢瀚，张超，2012. 地理区位、城市功能、市场潜力与大都市圈的空间结构和成长动力［J］. 学术研究（11）：84-90+159-160.

张京祥，罗小龙，殷洁，2008. 长江三角洲多中心城市区域与多层次管治［J］. 国际城市规划，23（1）：65-69.

张可，2019. 经济集聚与区域创新的交互影响及空间溢出［J］. 金融研究（5）：96-114.

张可，汪东芳，2014. 经济集聚与环境污染的交互影响及空间溢出［J］. 中国工业经济（6）：70-82.

张林，高安刚，2019. 国家高新区如何影响城市群创新空间结构——基于单中心-多中心视角［J］. 经济学家（1）：69-79.

张若雪，2009. 从产品分工走向功能分工：经济圈分工形式演变与长期增长［J］. 南方经济（9）：37-48.

张庭伟，2001. 1990年代中国城市空间结构的变化及其动力机制［J］. 城市规划，25（7）：7-14.

张晓冰，1988. 对农村的智力掠夺［J］. 中国农村经济（6）：20-64.

张珣，陈健璋，黄金川，等，2017. 基于空间聚类方法的京津冀城市群多层级空间结构研究［J］. 地理科学进展，36（11）：1359-1367.

赵璟，党兴华，王修来，2009. 城市群空间结构的演变——来自中国西部地区的经验证据［J］. 经济评论（4）：27-34.

赵丽琴，李赟，王志楠，2019. 中国城市群网络空间结构特征及影响因素分析［J］. 统计与决策，35（14）：87-90.

赵渺希，钟烨，徐高峰，2015. 中国三大城市群多中心网络的时空演化［J］. 经济地理，35（3）：52-59.

赵勇，白永秀，2012. 中国城市群功能分工测度与分析［J］. 中国工业经济

(11)：18-30.

赵志成，2014. 产业集聚与城市群空间结构互动关系研究——以中部城市群为例 [D/OL]. 太原：太原科技大学，[2014-05-01]. https：//kreader. cnki. net/Kreader/Catalog ViewPage. aspx? dbCode=CMFD&filename=1014255525. nh&tablename=CMFD201402&compose=&first=1&uid=WEEvREcwSlJHSldSdmVqM1BLYmtGRmprUFN6MEIzdnFGdUIxNS82NHM3az0=＄9A4hF_YAuvQ5obgVAqNKPCYcEjKensW4IQMovwHtwkF4VYPoHbKxJw.

钟业喜，陆玉麒，2011. 基于铁路网络的中国城市等级体系与分布格局 [J]. 地理研究，30（5）：785-794.

钟业喜，文玉钊，2013. 城市群空间结构效益比较与优化研究——以江西省为例 [J]. 地理科学，33（11）：1309-1315.

周灿，曾刚，宓泽锋，2019. 中国城市群技术知识单中心与多中心探究 [J]. 地理研究，38（2）：235-246.

周侃，王强，樊杰，2019. 经济集聚对区域水污染物排放的影响及溢出效应 [J]. 自然资源学报，34（7）：1483-1495.

周韬，郭志仪，2014. 价值链视角下的城市空间演化研究——基于中国三大城市群的证据 [J]. 经济问题探索（11）：107-112.

周韬，2017. 空间异质性、城市群分工与区域经济一体化——来自长三角城市群的证据 [J]. 城市发展研究，24（9）：57-63.

朱顺娟，2012. 长株潭城市群空间结构及其优化研究 [D/OL]. 长沙：中南大学，[2012-04-01]. https：//kreader. cnki. net/Kreader/Catalog ViewPage. aspx? dbCode=CDFD&filename=1012474371. nh&tablename=CDFD1214&compose=&first=1&uid=WEEvREcwSlJHSldSdmVqM1BLYmtGRmprUF N6MEIzdnFGdUIxNS82NHM3az0=＄9A4hF_YAuvQ5obgVAqNKPCYcEjKensW4IQMovwHtwkF4VYPoHbKxJw.

朱彦刚，贺灿飞，刘作丽，2010. 跨国公司的功能区位选择与城市功能专业化研究 [J]. 中国软科学（11）：98-109.